# はじめての ジョリーフォニックス

― ティーチャーズブック ―
Teacher's Book

ジョリーラーニング社　編著
山下 桂世子　監訳

本書は保護者,先生向けの指導用マニュアルです。学習者に指導する際は,本書に準じた学習者用ワークブック
『はじめてのジョリーフォニックス ― ステューデントブック ―』をお買い求めください。

東京書籍

# はじめに

『はじめてのジョリーフォニックス　ティーチャーズブック』へようこそ。2020年度から，小学校の英語が教科になります。早い段階から英語を始めることで日本人の英語力の底上げが期待される一方で，児童間の学力格差が広がるのではないかとの不安の声も挙がっています。

英語は得意な子供と苦手な子供がはっきりと分かれる教科です。特に英語の読み書きは早いうちからつまずいてしまう子供が多くいます。日本人の子供にとって英語のつづりを覚えるのは非常に難しいことなのです。そしてここでつまずいてしまうと，その後の英語の授業についていけず，英語が嫌いになってしまいます。英語が好きな子供に育てるには，最初の読み書きの指導でつまずかないように，この部分を丁寧に指導する必要があるのです。

では，なぜ日本人の子供にとって，英語のつづりを覚えるのは難しいのでしょうか。これには，日本語と英語の「音」の違いが関係しています。

日本語の「音」と英語の「音」はまるっきり違います。母音を例に出すと，英語には母音が約19種類ありますが，日本語には「あ」「い」「う」「え」「お」の5種類しかありません。日ごろ日本語の母音にしか接していない私たちは，英語の19種類の母音を聞き分けることができないため，英語の母音を無意識のうちに日本語の母音に当てはめて聞いてしまいます。例えば，野球の「バット（bat）」と乗り物の「バス（bus）」の「バ」の音は，英語ではまったく別の音ですが，日本人にはこの2つが同じ「バ」に聞こえてしまうのです。

しかし，それではなぜバットの「バ」は「ba」と書くのにバスの「バ」を「bu」と書くのかわかりません。英語のつづりの規則性が理解できず，結果としてつづりを丸暗記するしかなくなってしまうのです。そのため，暗記が得意な子供は英単語をどんどん覚えていくことができますが，そうでない子供は単語のつづりが覚えられず，その先へ進むことができなくなってしまいます。これが「英語嫌い」を作ってしまう原因の1つでもあります。また，つづりを覚えていない単語に出会ったときには，どうしても単語を自分の知っているローマ字で書こうとしてしまいます。

実際には，英語の「発音（音）」と「つづり（文字）」の間には「英語のアルファベットコード（English Alphabetic Code）」と呼ばれる規則があります。この規則を教えることで，単語のつづりを丸暗記に頼る必要がなくなり，英語の読み書きはずいぶんと楽に行えるようになります。「フォニックス」とは，この規則を教える指導法のことなのです。現在，英語圏での英語の読み書き指導の主流は「フォニックス」です。

そのなかでも，「ジョリーフォニックス」は，イギリスをはじめ世界各国の小学校でカリキュラムへの導入が急速に進んでいる21世紀の新しいフォニックスです。ジョリーフォニックスは日本人が読み書きでつまずく原因となる「英語の音」（音素）を丁寧に指導するところから始まり，徐々に「英語のアルファベットコード」を身につけるためのプログラムです。イギリスの学校の68%（2005年時調査）で使用され，高い学習効果が実証されており，その信頼性・有効性から，世界120か国以上で導入されています。

ジョリーフォニックスでは大きく以下の3つのことを学びます。

| 第1段階 | **基本の英語の音（音素）と文字の関係を学ぶ** |

英語には約42種類の音があると言われています。これらの音を1つずつしっかりと学び，それぞれの音がどのようなアルファベットで表されるのかを学習します。この段階では，1つの音に対して1通りの表し方（つづり方）を教えます。これがフォニックスの学習の土台となります。

| 第2段階① | **1つの音に対して複数のつづりを学ぶ（「同音異綴り」を学ぶ）** |

英語の音とアルファベットは必ずしも1対1で対応しているわけではありません。それぞれの音に対して，第1段階で学んだものとは別の表し方（つづり方）を学習します。

| 第2段階② | **フォニックスのルールに沿っていない単語（「ひっかけ単語」）のつづりを学ぶ** |

フォニックスのルールを知っているとたくさんの単語が暗記に頼らずに読み書きできるようになりますが，なかには不規則なつづりの単語もあります。これらの単語を1つずつ教えていきます。

本書はジョリーフォニックスの第1段階を指導するためのレッスンマニュアルです。レッスンは自宅でも学校の授業でも行うことができます。

また，ジョリーフォニックスには次のような特長があります。

| 特長① | **どの子供でも楽しめる，お話や絵がある！** |

ジョリーフォニックスの最大の特長は，お話や絵本，歌，アクション（動作）などを使って「文字の音」と「文字」を学習することです。

| 特長② | **英語を母語としない子供でも学べる！** |

現在，日本で指導されているフォニックスは，ある程度子供が英単語と発音を知っていることが前提となっています。ジョリーフォニックスは，英単語やその発音を知らない子供でも日本語で学ぶことができるプログラムです。

| 特長③ | **特別支援が必要な子供も楽しめる！** |

ジョリーフォニックスは特別な支援を必要とする子供にもやさしいプログラムであり，LD（学習障害）や発達障害を持つ特別な支援を必要とする日本人の子供にも有効です。

| 特長④ | **系統立った指導ができる！** |

ジョリーフォニックスは，英語の読み書きのいちばん基本となる部分から始まります。また，子供がレッスン中に読み書きする単語は子供が既に学んだ文字と音だけでできています。

英語の読み書きは子供たちにとって不可欠の能力です。さあ，一緒にジョリーフォニックスをはじめましょう！

# はじめてのジョリーフォニックス -ティーチャーズブック- もくじ

本書は2部構成となっています。解説編では，ジョリーフォニックスとは何かということと，ジョリーフォニックスの教授法について詳しく説明します。ジョリーフォニックスを使ったレッスンを行う前に読むことをお勧めします。指導編は，教室で日々フォニックス学習を進めるための，具体的な授業計画です。

はじめに ……………………………………………………………………………………… 2
もくじ ………………………………………………………………………………………… 4
用語集 ………………………………………………………………………………………… 6
**コラム** ジョリーフォニックスが誕生するまで ………………………………………… 8

## 解説編

### ① ジョリーフォニックスとは何か …………………………………………………… 10

- 英語の「音」
- 英語の音と文字の関係
- 「文字の名前」と「文字の音」
- フォニックスの役割
- ジョリーフォニックスの5つの基本技能
- 基本技能1．文字の音を覚える
- 基本技能2．文字の形を覚える
- 基本技能3．ブレンディング
- 基本技能4．セグメンティング
- 基本技能5．ひっかけ単語
- 5つの基本技能の習得のための系統立ったプログラム
- 多感覚法を用いた教え方

### ② 指導の流れ ……………………………………………………………………………… 18

- 指導の流れ
- 用意するもの
- 活動の概要
- ① 音の復習（基本技能1）
- ② お話（基本技能1）
- ③ アクション（基本技能1）
- ④ 文字指導（基本技能2）
- ⑤ 音の聞き取り（基本技能4）
- ⑥ ブレンディング（基本技能3）
- ⑦ ディクテーション（基本技能4）
- ⑧ 歌（基本技能1）
- step up 読み書きの練習
- step up ひっかけ単語

**コラム** 苦手をフォローすること ……………………………………………………… 27

### ③ 42音の学習が終わったら …………………………………………………………… 28

- その先の指導に向けて
- 同音異綴り
- 弱音化，黙字
- 短母音に関するルール
- 文のディクテーション
- 自力で英語を書く

**コラム** よりよい指導に向けた教材群 ………………………………………………… 30

## 指導編

指導編の使い方 ……………………………………………………………………… 32
第1グループ（Ss, Aa, Tt, Ii, Pp, Nn）……………………………………… 34
第2グループ（Cc Kk, Ee, Hh, Rr, Mm, Dd）……………………………… 46
第3グループ（Gg, Oo, Uu, Ll, Ff, Bb）…………………………………… 58
第4グループ（ai, Jj, oa, ie, ee or）………………………………………… 70
第5グループ（Zz, Ww, ng, Vv, oo oo）…………………………………… 80
第6グループ（Yy, Xx, ch, sh, th th）……………………………………… 90
第7グループ（Qu qu, ou, oi, ue, er, ar）………………………………… 100
step up（読み書きの練習，ひっかけ単語）………………………………… 112

## 資料編

Jolly Songs 歌詞 …………………………………………………………………… 119
単語集 ………………………………………………………………………………… 124
フラッシュカード …………………………………………………………………… 130

日本語版作者の言葉（あとがき）………………………………………………… 134

### レッスンで使用するもの

▶ 『ティーチャーズブック』
本書『ティーチャーズブック』の指導編を参照しながらレッスンを行います。

▶ 絵本
本書付属の別冊を使用します。（複数人数を指導するときは『Finger Phonics Book』または『Finger Phonics Big Book』の使用を推奨します。詳細は p.30）

▶ フラッシュカード
アルファベットが書かれたカードです。本書 pp.130-133 を切り取って使用してください。

▶ 音声 CD
本書に付属。活動に必要な音声が収録されています。

▶ 『ステューデントブック』（別売）
子供が書き込めるワークブックです。本書カバーの前そで部分をご参照ください。

# 用語集

| 文字の名前（レターネーム） | aは「エィ」，bは「ビー」，cは「シー」という読み方。これらは文字の名前であり，単語を読むときにこの読み方を用いることは少ない。アルファベット読み，名前読みとも言う。 |
|---|---|
| 文字の音（レターサウンド） | aは「ア」，bは「ブ」，cは「ク」という文字が表している音。アルファベットは音を表す記号であり，それぞれの文字に音がある。単語を読むときには文字の音を用いる。音読みとも言う。 |
| /s/ | 文中で文字の音を表すとき，このように表記する。/s/は無声音の「ス」という音を表す。 |
| 英語の音（42音） | 英語を構成している音の最小単位（音素）。アルファベットによって表される。英語には約42種類の音があると言われている。 |
| 日本語の音 | 日本語を構成している音の最小単位。ひらがなやカタカナなどで表される。ローマ字の表を見るとわかるように，原則として子音と母音の組み合わせでできている（例：か＝ka，さ＝sa）。日本語では音をこれ以上細かく分けることが少ないため，日本語話者にとって子音（例：k，s）を単独で認識するのは難しい。 |
| 有声音 | 英語の音を大きく2つに分けたうちの1つ。声を出すときに喉が震える音。母音は基本的に有声音。<br>例：/b/，/d/，/g/，/j/，/v/ など |
| 無声音 | 英語の音を大きく2つに分けたうちの1つ。声を出すときに喉が震えない音。<br>例：/c/，/f/，/h/，/k/，/p/，/s/，/t/ など |
| 破裂音 | 口のなかから空気を破裂させるようにして出す音。破裂音を長く伸ばして言うことはできない。破裂音の他にもいろいろな種類の音がある。<br>例：/b/，/c/，/d/，/g/，/k/，/p/ など |
| 短母音 | 英語の/a/，/e/，/i/，/o/，/u/の5つの母音。a，e，i，o，uの文字の音。短く発音する。 |
| 長母音 | 短母音に対して，a，e，i，o，uをアルファベット読みした音。 |
| フォニックス | 文字（つづり字）と音の関係の教授法，また音声とつづりの練習のこと。 |
| ダイグラフ | 文字の音のうち，2文字で1つの音になるもの。<br>例：ai, th, ch など |
| 同音異綴り | 1つの音に対して複数のつづり方があるとき，最初に教えたつづり方とは別のつづり方のこと。 |

|  |  |
|---|---|
| ブレンディング | 単語を読むときに，1つひとつの文字の音をくっつけて単語をつくること。<br>例：map という単語を読むときに /m/-/a/-/p/ と1つひとつの文字を音に変え，それらをくっつけて /map/ という単語として読むこと |
| セグメンティング | 単語に含まれる1つひとつの音を識別し，それを口頭で，または文字で表すこと。<br>例：stop と耳で聞いた時に s-t-o-p と分解すること。 |
| 音韻意識 | 音声情報から文を構成する単語を認識したり，単語を構成するかたまりや1つひとつの音を識別したり操作したりする技能。 |
| 規則的なつづり | フォニックスのルールに従ったつづり方のこと。 |
| ひっかけ単語 | 不規則なつづりの単語（to, your, one, said など），および，未習のフォニックスの知識を使わないと読めない単語（made, like, my, here など）。 |
| いもむしの c | a, d, g, o, q の文字の中に含まれている c の形のこと。c の形が caterpillar（イモムシ）に似ていることから，そう呼んでいる。 |
| シンセティック・フォニックス | 文字と音の関係を指導する際，その文字の音と文字（つづり）に重点を置いて指導する。a-z の順ではなく，使用頻度に応じた独自の配列で文字と音を指導し，数個の文字を習った段階ですぐに既習の文字で単語を読み書きさせる。文字の音を徹底して指導していくため，th, ch, ai など2文字で1音を作るつづりも早い段階で指導していく。ジョリーフォニックスはシンセティック・フォニックスに含まれる。 |
| アナリティック・フォニックス | 文字と音の関係を指導する際，文字の名前と音を同時に指導する。また，同じ文字と音を含む単語をいくつか提示し，共通する文字を抜き出して，その文字と音を指導する。子供がある程度単語を知っていることが前提となる。通常，a-z の順に指導していき，その後単語を読む練習を行う。ch, th などの2文字で1音を作る文字指導は2年目以降に指導する。 |
| インキーマウス（Inky） | ジョリーフォニックスのキャラクター。もともとは白いネズミだったのが，黒いインクをかぶってネズミ色になってしまったため，自分のことを Inky（インクのような）と名付けた。ジョリーフォニックスの絵本のすべてのページに登場する。 |
| スネイク（Snake） | インキーの友達。ジョリーフォニックスの絵本では登場するとき（たいてい屋外の場面）と登場しないとき（たいてい家の中の場面）がある。 |
| ビー（Bee） | インキーの友達。スネイク同様，ジョリーフォニックスの絵本では，登場したりしなかったりする。いい香りがするものがあるときに出てくることが多い。 |
| なぞの目 | ジョリーフォニックスの絵本のどのページにも必ず隠れている「目」。レッスンの最初で探してみると楽しい。最後までこの目の正体はわからない。 |

## コラム　ジョリーフォニックスが誕生するまで

　ジョリーフォニックスは，イギリス東部ロウストフトのウッズローク小学校で考案され，長年かけて磨き上げられてきた教授法です。

　この小学校では1975年まで，単語を見てつづりを丸暗記する方法（ホールワード法）を使っていました。これでも多くの子供は読めるようになりましたが，落ちこぼれる子供が毎年必ず何人かいました。こうした子供は，文字の音を聞き取ることや，音と文字を対応させることが難しいため，単語が覚えられず，どうしても読み書き能力が身に付かないのです。そこで，1つひとつの「文字の音」（レターサウンド）を先に教える方法を試してみました。するとクラス全体の理解度が大幅に向上し，落ちこぼれる子供も大幅に減ったのです。

　その頃，いくつかの研究によって，「英語の文字の音をまず学ぶことは，その後英語が読めるようになることの最も確実な指標である」ことが明らかになりました。1980年代初めには，ウッズローク小学校で，文字の音の学習に加え，文字の音をつなぎ合わせて単語を読む方法（＝ブレンディング）をある程度系統立てて教えるようになりました。その後，同校は外部実験に参加。この実験は，子供たちに単語を聞かせて特定の音を探してもらい（＝音韻意識），それを文字に結び付けてもらうという内容でした。

　「ブレンディング」と「音韻意識」を指導に取り入れることで，子供たちの読み書き学習能力はさらに高まりました。以前よりもかなり早い段階で流暢に読めるようになり，何よりも読み能力の習得に問題を抱える子供がほぼゼロになったのです。ヤング式リーディングテストで90点以下の子供がほとんどいなくなり，学校平均は110〜116点になりました（ヤング式は平均が100点，半数の子供たちが90〜110点になるよう作られたテストです）。

　文字の音を知り，初出の単語を自分で読めるようになったことで，子供たちが自力で読めるようになる時期が大幅に早まったのです。また，1人で書けるようになる時期も早くなったほか，早い時期から正確なつづりで書けるようになりました。この頃，別の研究で，「ブレンディング」と「音韻意識」は読む能力の有力な指標であることが明らかになりました。ウッズローク小学校の成功は，この研究結果を裏付けることとなりました。

　このように，ジョリーフォニックスの学習効果の高さは，数多くの研究によって明らかになっています。ジョリーフォニックスで教わった子供たちは，他の方法で英語の第一歩を踏み出した子供と比べ，はるかに大きな成果を上げているのです。[1]

---

[1] 世界各国（日本の研究も含む）の研究成果の一部はジョリーフォニックスのサイトで紹介されています：www.jollylearning.co.uk

# 解説編

# 1 ジョリーフォニックスとは何か

## 英語の「音」

日本語の音と英語の音は違います。母音を例に挙げると、日本語の母音は「ア」「イ」「ウ」「エ」「オ」の5種類ですが、英語には19種類ほどの母音があると言われています。例えば、英語には日本語の「ア」の音に似ている母音が5種類あります。英語話者はそれらを区別して使い分けていますが、日本人が聞くとほとんど違いがわかりません。また、英語には「th」や「r」のように日本語には一切存在しない音もあります。

英語には母音と子音を含めて約42種類の音があると言われていますが、その多くが日本語ではあまり使わない音です。自分たちの言葉にない音を認識するのは難しく、このことが英語の学習を困難にしています。例えば bus（バス）も bath（風呂）も日本人にとっては同じ「バス」になってしまい、うまく区別することができません。

また、ローマ字の表を思い浮かべるとわかるように、日本語の音は基本的に「子音」と「母音」がくっついてできています。例えば、「か」は子音「k」と母音「a」が、「す」は子音「s」と母音「u」がくっついてできた音です。日本語では、子音が単独で使われることはほぼありません。これに対して、英語では stop の s や p のように子音だけで表される音をよく使います。日本語よりももっと小さい音（音素）が存在する言語なのです。日本人はこのような子音単体の音に慣れていないため、英語を読んだり書いたりするとき、どうしても日本語特有の「母音」をつけてしまいます。例えば、「test」という単語は日本人の耳には「テスト」（tesuto）と聞こえます。終わりの2つの子音（s, t）に母音（u, o）がくっつき、もとの発音とは大きく異なります。このように無意識に母音をつけてしまうことが原因で、英語が通じないということがよくあります。

耳で聞いてリピートしましょう、と言われますが、私たちの言語に存在しない音を再現することはなかなか難しく、自分ではまねしているつもりが、カタカナ英語になってしまうということも多々あります。唇を噛んだり、口を広げたり舌を使ったりして出す英語特有の音は「聞いていればできるようになる」ものではなく、きちんと学習する必要があるのです。

## 英語の音と文字の関係

42種類の英語の音を身に付けることは、英語の読み書きを学ぶうえでも重要です。アルファベット（ラテン文字）は音を表す文字です。これはひらがなやカタカナと同じです。「あ」という文字や「い」という文字自体が特定の意味を持たないのと同様、「a」や「b」も単体では意味を持ちません。「か」と「き」の音がつながってはじめて「かき（＝柿）」という単語になるように、英語もいくつかの文字の音がつながってはじめて、意味のある単語になるのです。英語の読み書きができるようになるには、42種類の音がそれぞれどのような文字で表されるのかを学ぶ必要があります。

42音の一覧が右ページの表にまとめられています。まず、原則として a から z までのすべてのアルファベットが1つずつ音を持っています。これだけで26種類の音を表すことができますね。そのほか、a, e, i, o, u の母音はそれぞれ長母音と呼ばれるもう1つの音を持ちます。

しかし、これではまだ42音を表すには足りません。英語の読み書きを複雑にしている要因のひとつに、英語には42の音があるにもかかわらず、文字は26しかない点があります。このことは、英語では2つの文字を組み合わせて読む音があることを意味しています。表にある sh, th, ng, ch などは、2文字で1つの音を表します。このように2文字で1つの音を作るつづりはダイグラフと呼ばれます。例えば、fish（魚）の音は「f」、「i」、「s」、「h」の4つの音がつながってできる音ではなく、「f」、「i」、「sh」の3つの音がつながってできる音です。

なお、oo, th のダイグラフは、book と moon, this と thin のように、それぞれ2種類の音があります。ジョリーフォニックスでは独自の書体を使う

# 1 ジョリーフォニックスとは何か

◆英語の「文字の音」一覧

| アルファベット 26 文字の音 ||| 
|---|---|---|
| 音 | 例 | CDトラック |
| /a/ | ant, sand, apple | Disc1 4 |
| /b/ | bat, bend, crab | Disc1 52 |
| /c/ | cat, cot, club | Disc1 19 |
| /d/ | dog, sad, desk | Disc1 34 |
| /e/ | egg, end, pet | Disc1 22 |
| /f/ | if, fun, soft | Disc1 49 |
| /g/ | get, pig, drag | Disc1 37 |
| /h/ | hot, hen, hint | Disc1 25 |
| /i/ | it, ink, hit | Disc1 10 |
| /j/ | jog, jelly, jumper | Disc1 58 |
| /k/ | king, ask, kick | Disc1 19 |
| /l/ | leg, lips, shell | Disc1 46 |
| /m/ | mat, meet, trim | Disc1 31 |
| /n/ | nut, pen, land | Disc1 16 |
| /o/ | on, hot, pond | Disc1 40 |
| /p/ | pot, pin, stop | Disc1 13 |
| /qu/ | quick, queen, quiz | Disc2 37 |
| /r/ | rat, run, train | Disc1 28 |
| /s/ | sun, sad, grass | Disc1 1 |
| /t/ | top, mat, tent | Disc1 7 |
| /u/ | up, cut, trust | Disc1 43 |
| /v/ | van, vet, vest | Disc2 10 |
| /w/ | win, wet, swim | Disc2 4 |
| /x/ | fox, six, flex | Disc2 22 |
| /y/ | yes, yell, yellow | Disc2 19 |
| /z/ | zip, zoo, zebra | Disc2 1 |

| 長母音 |||
|---|---|---|
| 音 | 例 | CDトラック |
| /ai/ (long/a/) | aim, mail, snail | Disc1 55 |
| /ee/ (long/e/) | eel, tree, sheep | Disc1 67 |
| /ie/ (long/i/) | pie, tie, lie | Disc1 64 |
| /oa/ (long/o/) | oak, road, boat | Disc1 61 |
| /ue/ (long/u/) | cue, argue, value | Disc2 46 |

| ダイグラフ |||
|---|---|---|
| 音 | 例 | CDトラック |
| /sh/ | ship, shop, wish | Disc2 28 |
| /ch/ | chip, chop, lunch | Disc2 25 |
| /th/ | this, that, with | Disc2 31 |
| /th/ | thin, thick, cloth | Disc2 34 |
| /ng/ | sing, king, strong | Disc2 7 |
| /oo/ | book, good, foot | Disc2 13 |
| /oo/ | moon, soon, spoon | Disc2 16 |
| /ar/ | arm, car, start | Disc2 52 |
| /er/ | herb, ever, under | Disc2 49 |
| /or/ | fork, port, short | Disc1 70 |
| /oi/ | oil, coin, spoil | Disc2 43 |
| /ou/ | out, cloud, mouth | Disc2 40 |

※ c,k の音は同じです。本書では /ck/ と表記することもあります。
※ c,g は「ソフト c」,「ソフト g」と呼ばれるもう 1 つの音を持ちます。
※ q が英単語のつづりに含まれる場合は必ず u を伴い，独立して用いられることがないため，ここでも qu としてセットで扱っています。
※ CD の音声はアメリカ・イギリス英語に偏り過ぎず，日本人に発音しやすいニュートラルな発音で録音しています。
※「文字の音」はジョリーラーニング社のウェブサイトでも聞くことができます。 www.jollylearning.co.uk/gallery/audio-2/
※また，次の文言で検索すると「文字の音」の動画を視聴できます。

| Jolly Phonics Letter Sounds (British English) 🔍 |
| Jolly Phonics Letter Sounds (American English) 🔍 |

ことで，これらの2つの音を区別しています。

> oo（短く発音するoo。例：book）
> oo（長く発音するoo。例：moon）
> th（有声音のth。例：this）
> th（無声音のth。例：thin）

小学校でひらがなを学ぶとき，「あ」という文字が「ア」という音に対応していることから学びますが，これと同じように，英語を学ぶ際にも「a」という文字がどのような音に対応しているのかを学ぶ必要があります。

これらのルールは，イギリスやアメリカなど英語を母語とする国の人々も学んでいます。正しく読んだり書いたりするために，まずは42の音と26の文字を正しく学ぶことが不可欠です。

### 「文字の名前」と「文字の音」

「音」を表す文字という点では，アルファベットはひらがなやカタカナと同じです。ただ，アルファベットがひらがなやカタカナと違うのは，「a, b, c, …」のそれぞれの文字に「エィ，ビー，シー，…」という「名前」と，「ア，ブ，ク，…」と読む「音」があることです。英単語を読むときは文字の名前ではなく，文字の音を使います。例えば「ten」は「ティー・イー・エヌ」とは読まず，「トゥ・エ・ン」＝「テン」と発音します。この先，本書では「文字の名前」を表すときにはs，文字の音を表すときには，/s/のように表します。ためしに，次の文にふりがなを振ってみましょう。

> エス<br>sという文字には /s/ という音があります。

日本で行われている一般的な英語教育では，文字の名前を最初に指導する，または名前と音を同時に指導する場合がほとんどです。子供たちは文字の名前を最初に習うと，単語を読むときも文字の名前を用いようとします。しかし，実際英単語を読む際に文字の名前を使うことは少なく，基本的に文字の音を使います。つまり，単語の読み書きができるようになるには，この文字の音を学習する必要があるのです。

### フォニックスの役割

英語の音とそれに対応する文字の知識があれば，子供はつづりを見て音をくっつけて単語を読んだり，単語に含まれる音を聞き分けて文字をつづったりすることがある程度できるようになります。これだけでもかなりの単語を読み書きできるようになりますが，実際には英語の読み書きはもう少し複雑です。例えば，「エィ」と発音するつづりはai, ay, eyなど10種類以上もあったり，knife（ナイフ）の最初のkのように，音が消えてしまうこともあります。英語という言語はそもそも読み書きが難しい言語なのです。このような複雑なつづりの単語を読むには，さらにいくつかのルールを学ぶ必要があります。

フォニックスはこのような複雑なルールも含めた「音と文字の関係」を教え，子供が英語を読み書きできるようにするための指導法です。

英語の正しい音や音と文字の関係を習得していない場合，子供は新しい単語のつづりを丸暗記で覚えなければなりません。中には暗記が苦手で取り残されてしまう子供もいることでしょう。英単語を暗記に頼るということは，ひらがなを習得しないで国語の教科書を読ませるようなものではないでしょうか。フォニックスの指導によって「音と文字の関係」を学ぶことで，より簡単に英単語を読み書きすることができるようになるのです。

### ジョリーフォニックスの5つの基本技能

ジョリーフォニックスでは，子供たちが英語を読み書きするための大切な技能として，次の5つを挙げています。5つの基本技能を習得することによっ

て，子供にとって英語の読み書きはぐっと楽になります。

> 基本技能 1. 文字の音を覚える
> 基本技能 2. 文字の形を覚える
> 基本技能 3. ブレンディング
> 基本技能 4. セグメンティング
> 基本技能 5. ひっかけ単語

### 基本技能 1. 文字の音を覚える

これまで見てきたように，英語の読み書きができるようになるためには42種類の音をきちんと覚えることが必要です。

日本人の子供はすでに日本語の音に慣れ親しんでいるので，英単語を聞いたとき，無意識に自分の知っている日本語の音に置き換えて聞いてしまいます。/dog/ という単語が，日本人の子供には「ドッグ（= /doggu/）」という音に聞こえてしまうのです。しかし，/dog/ は「ドッグ」とはまったく別の音です。これでは音を聞いて正しいつづりを推測することができません。英語の読み書きの力をつけるには，まずは /dog/ という音をそのまま /dog/ と聞けるようになる必要があります。そのためには，1つひとつの英語の音を正しく理解できるように訓練をしなければいけません。

ジョリーフォニックスでは，1レッスンごとに1つの音を教えていきます。本書には42レッスン分の指導案が掲載されていますが，これらのレッスンを終えることで，42音すべてを学ぶことができるようになっています。各レッスンでは，「文字の音」をただ機械的に教えるのではなく，文字の音をしっかりと定着させるための様々な活動が用意されています。例えば，/s/ は「ヘビが警戒して出す音」あるいは「ヘビが逃げていくときに発する音」と教え，そのヘビが描かれた絵本を見ながら物語を聞き，その物語に関連したアクション（動作）を行います。

これらの活動を通じて，子供は楽しく「音」をマスターすることができるのです。英語の文字の音を完全に覚えることは，その後の英語学習を大きく左右します。文字を見たら，対応する音をすぐに言えるようにしましょう。

なお，1つの音に対して複数のつづりが対応している場合もあります。しかし，これらを同時に指導してしまうと子供たちが混乱してしまうため，まずは42音に対してつづりを1種類ずつ教えたあと，徐々に指導していきます。

### 基本技能 2. 文字の形を覚える

ジョリーフォニックスの各レッスンでは，文字の音を指導すると同時に，その音を表す代表的な文字の書き方を指導します。

幼い子供がきれいでなめらかな文字を書くには，まずは鉛筆の正しい持ち方と，文字の正しい書き順を教える必要があります。これには少し手間がかかりますが，その手間はあとになって非常に生きてきます。きれいでなめらかな文字が書けるようになりますし，自分の文字を好きになれることでしょう。

日本でアルファベットの文字指導を行う際，中学校の教科書や市販されている教材の多くは大文字から指導していくことが提案されています。しかし，実際，英文を読んでいくなかで，大文字と小文字の数はどちらが多いか考えてみると，大文字を使用するのは，文の書き始め，固有名詞の最初の文字，強調するとき，と限定されています。つまり，使用頻度でいえば小文字の方が断然多いのです。そこで，ジョリーフォニックスでは小文字から指導し，大文字は小文字が書けるようになってから，きちんと指導していきます。文字の音と併せて導入するため，子供たちは文字を習うとすぐに単語が読み書きできるようになります。

### 基本技能 3. ブレンディング

ブレンディング（Blending）は英単語を読む際

に最も重要とされる技能です。ブレンディングとは「結合させる」という意味ですが，何を結合させるかというと，文字の音です。例えば，sit という単語を読むときには，s は /s/，i は /i/，t は /t/ と1つひとつの文字を音で読むことは学習していますが，この3つの文字の音をくっつけながら読んでいくと，sit という単語が読めるようになります。このように，単語の各文字を見て，それぞれの音を口に出して言い，その音を単語として自分で聞いてくっつけるというスキルは，子供が自分でできるようになるものではありません。このブレンディングはきちんと教えていかなければいけません。

ブレンディングの能力があれば，初めて出会う規則的なつづりの単語を，自力で読むことができます。不規則なつづりの単語も，ブレンディングができれば，はるかに読みやすくなります。どんな単語も，どこかしらはフォニックスルールに則っているからです。

ブレンディングができる子供は，アルファベットという暗号を解読する仕組みを理解できています。そうなると，アルファベットの連なりを自力で解読できます。自分が読めるのだと気づいた子供はとても感動し，自信を深めていきます。なめらかにブレンディングができるようになれば，子供は英語を読むことにほとんど問題を感じないでしょう。

### 基本技能 4. セグメンティング

セグメンティング（Segmenting）は英単語を書く際に最も重要とされる技能です。英単語を書くには，単語に含まれる1つひとつの音を聞き分けて，各音に対応する文字を書く必要があります。例えば，/sun/ という音を聞いて，その単語に含まれている音を /s/ と /u/ と /n/ にそれぞれ分割し，それを s-u-n という文字に書き起こす必要があるのです。これができれば，mat, pen, hop, lid, fun, run, sunset など，何百という単語を自力で書くことができるようになります。

セグメンティングの目的は，「単語に含まれる音を識別して，音に対応する文字を書くこと」です。セグメンティングができるようになると，初めて聞いた単語でも文字で表すことができるようになり，辞書を使ってその意味を調べることができるようにもなります。

ブレンディングとセグメンティングの練習を積むことで，子供は「単語を読むには文字を音に変換すること（デコーディング）が大事で，単語を書くには，音を文字に変換すること（エンコーディング）が大事なのだ」と実感できます。この実感は子供に自信を与えます。そしてこの実感こそが，ジョリーフォニックスの大きなポイントなのです。

もう少し学習が進むと子供は，英語のつづりはそこまで単純ではないと知ることになります。英語では1つの音のつづり方は1つではないこと，ときにはかなり奇妙なつづりがあるという事実に直面していきます。それでも，まずシンプルな法則を学び，それから複雑な法則へと段階的に進んでいくことで，ほとんどすべての子供が英語を読み書きできるようになります。

### 基本技能 5. ひっかけ単語

ひっかけ単語（Tricky Words）はフォニックスのルールにあてはめることができない単語のことです。その代表が I, the, are, was, to, do などです。he を例に挙げてみると，h は /h/（息をはぁっと吐く音），e は /e/（日本語の「え」と似た音）という音であり，組み合わせると「ヘ」という読み方になるはずです。しかし，実際には e の部分は「イー」と読み，he は「ヒー」という読み方になるのです。

このような単語は，1つひとつ個別に覚えなければなりません。英語のつづりは複雑であり，42の音とつづりだけでは，残念ながらすべての英単語を読み書きできるようになるわけではないのです。それでも子供にとって，すべての単語を暗記するので

はなく，文字の音を当てはめたり，ルールに沿って読んだりする単語と，そうではなく覚えなければいけない単語があるということを理解するだけで，暗記する抵抗感が激減します。

フォニックスを習い始めた子供たちには，これらの単語がなぜひっかけになっているのかを説明し，そのうえで「見て書いて覚える」ようにします。

### 5つの基本技能の習得のための系統立ったプログラム

5つの基本技能を身に付けると，英語の読み書きがある程度自由に行えるようになります。ジョリーフォニックスでは，これらの技能の定着を目指してレッスンを行います。子供の発達段階に応じて無理なくレッスンを進められるよう，ジョリーフォニックスは系統立ったプログラムになっており，その手順に従って指導を行うことができます。

はじめに，基本となる42音と26の文字（アルファベットの小文字）を覚えるところからスタートします。この部分はすべての土台となる重要な部分ですので，1つの音ごとに1レッスンをかけて丁寧に指導します。音を導入する順番は abc 順ではなく，/s/, /a/, /t/, /i/, …, /ar/ のように，ジョリーフォニックス独自の順番で進んで行きます。これは，英単語のなかでの出現頻度やブレンディングのしやすさなどを考慮して配列されています。

なお，42音とアルファベットは1対1で対応しているわけではなく，中には何種類ものつづりで表せる音もあります。例えば，「エィ」という音は，a, ai, ay, ey など10通り以上の表し方があります。しかしこれらを一気に教えると子供が混乱してしまうので，この段階では1つの音につき1通りの書き方を教えます。

42音のレッスンがすべて終わるころには，ブレンディングの力やセグメンティングの力も育ってきています。この段階で13のひっかけ単語を教えると，簡単な文を自分の力で読み書きできるようになります。ここまでがジョリーフォニックスの第1段階で，土台となる部分です。本書ではこの部分までのレッスンを扱います。

ここまでの内容を習得した後，第2段階ではより複雑なルールについて指導していきます。英語のつづりは非常に複雑で，42の音とつづりだけでは，残念ながらすべての英単語を読み書きできるようになるわけではありません。例えば，先に述べたように，「エィ」という音のつづりは10を超えます。第1段階では1つのつづり（ai）しか教えませんが，第2段階ではほかのつづり（ay, a-e など）も頻出順に指導していきます。こういった「音は同じであるが違うつづり」を「同音異綴り（Alternative Spellings）」と呼びます。また，ひっかけ単語も英語の基礎的な言葉に登場することが多く（I, the, he, here, live, does など），英語の読み書きを習得していくためには避けられない大切な学習です。

また，ch というダイグラフは，cheese に見られる /ch/ という音以外に，school など /k/ の発音になるものもあります。このように1つのつづりで違う読み方をするものも，順番に指導していきます。これも，一度に指導してしまうと，子供たちは /ch/ と読むのか /k/ と読むのか分からずに定着しないため，極力混乱を防ぐように順番に指導していくことが重要なのです。

このように，ジョリーフォニックスの第2段階では一歩進んだルールやより多くのひっかけ単語についても指導していきます。日本の子供たちもこの部分を学習することによってつづりの規則性を知ることで，単語を丸暗記する負担を減らすことができる

ようになります。このようにして、子供の発達段階に応じている点、順序立てて混乱を防ぐように指導している点が、システマティック＝系統立ったプログラムであることを意味するのです。

### 多感覚法を用いた教え方

ジョリーフォニックスのレッスンでは、単なる読み書きだけではなく、アクションやお話、歌などさまざまな活動を行います。これはジョリーフォニックスの大きな特長の1つで、多感覚法（Multisensory Approach）と呼ばれます。

多感覚法は文字と音の対応指導を行う際、同時にさまざまな感覚伝達経路（視覚、聴覚、運動感覚、触覚）を活発化するものです。これを用いる利点として、次の2点が挙げられます。第1に、多感覚を用いることで楽しく学習でき、それが記憶に残りやすいという点です。これは通常の子供たちだけではなく、特別な支援を必要とする子供にも効果があります。第2に、LDを持つ子供は音韻処理能力が低いとされていますが、それ以外の感覚を用いることで音韻処理能力の弱さをカバーできるという点です。

### 視覚（Visual）

ジョリーフォニックスでは、絵本を用いた指導を行います。下の画像はいちばん初めに指導するsの文字と音のページです。大きなヘビが怒っているイラストが目に飛び込んできます。その横にはsの文字があり、文字の形を視覚で印象付けています。

### 聴覚（Auditory）

各文字と音には、その音をテーマにしたお話があります。例えばsのお話には、/s/の音が何度も登場します。このお話を聞くことによって、聴覚からこのsという文字がヘビの話であったという記憶が残り、そこから/s/の音が思い出されます。この場合、お話はなるべく子供が理解できる言語で行う方がイメージが残ります。このお話は長期記憶として残り、「ヘビの話」というだけで、sという文字と音を想起できる子供もいます。

また、各文字と音には、その音を含んだ10秒ほどの短い歌があります。歌が好きな子供はこの歌で/s/という音と文字を結び付けて記憶に残します。

### 運動感覚（Kinaesthetic）

ジョリーフォニックスには、各文字と音にジョリーフォニックスの大きな特長の1つとも言えるアクション（動作）がつけられています。下の図は/s/のアクションの仕方を示したものです。「アクション」は運動感覚を用いた教授法です。お話を読んだ後、/s~~~~/と言いながらアクションを行うことで、文字と音の関係を記憶できるのです。

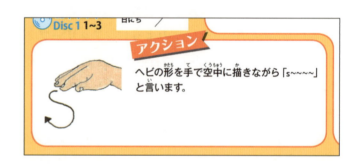

### 触覚（Tactile）

ジョリーフォニックスでは触覚を活用した指導法も用意しています。例えば、右ページの写真は『Finger Phonics Book』（p.30参照）と呼ばれる教材で、文字に溝が彫られており、/s~~~~/と発声をしながらこの溝をなぞることで、文字と音を触覚で習得できるようになっています。読み書きが苦手な子供が文字を書く前に、この溝彫りした文字をなぞると、bやd、pやqの文字の反転が少なくなることもあります。

　「英語のレッスンを受ける子供」と言っても学級内にはさまざまな子供がおり，得手不得手も異なります。書けるけど読めない，読めないけど書ける，書けるけど暗記できない，そもそも集中できない…。それぞれの特性を持つ子供に対して「多感覚的」にアプローチすることは，その集中力を持続させ，文字と音についての理解度を深めることにつながるのです。そういった意味で，ジョリーフォニックスは「特別支援」の観点からも，極めて有効な手法であると言えます。

# ❷ 指導の流れ

## 指導の流れ

　本項目では，ジョリーフォニックスの各レッスンの流れを説明します。本項で解説するレッスンを42回行うことで，子供たちは42の文字の音を身につけます。1日目にすぐ，最初の文字の音 /s/ を導入します。初日，子供たちは何を勉強するのか楽しみにしているので，幸先良いスタートを切ることができます。できれば，1日ごとに新しい文字の音を導入することをお勧めします。最初はかなりの負担に思えますが，子供たちは慣れるもので，「今日は何かな」と楽しみにしてくれます。こうして1日に1つのペースで進めた場合，約9週間で42の文字の音の導入が終わります（注：家庭で平日に行った場合。学校ではカリキュラムに応じてペースを決めて下さい）。その結果，他の学習法と比べてかなり早い段階から，読むことはもちろん，自力で書く表現活動もできるようになります。なお，1回のレッスン時間は子供の年齢に応じても変わりますが，15分〜20分を目途に行います。45分授業で扱う場合は，授業の最初にジョリーフォニックスを行い，残りの時間は通常の授業を行いましょう。

　子供が4〜5歳未満である，毎日レッスンを行わない，または他の要因があるときは，文字の音を導入するペースはこれよりも遅くなります。

## 用意するもの

　指導する際には，まず次のものを用意しましょう。これらの教材を活用することで，ジョリーフォニックスを効果的に指導することができます。

- ・フラッシュカード（本書に付属）
- ・音声CD（本書に付属）
- ・絵本（本書に付属。複数人指導する際には、『Finger Phonics Book』や『Finger Phonics Big Book』をお勧めします。(p.30参照)
- ・『ステューデントブック』（別売。本書カバー前そで部分参照）

## 活動の概要

　ジョリーフォニックスでは，各レッスンごとに，次の8つの活動を行います。これらの活動を通して，ジョリーフォニックスの基本技能（p.13参照）の1〜4が身につきます。

- ① 音の復習（基本技能1）
- ② お話（基本技能1）
- ③ アクション（基本技能1）
- ④ 文字指導（基本技能2）
- ⑤ 音の聞き取り（基本技能4）
- ⑥ ブレンディング（基本技能3）
- ⑦ ディクテーション（基本技能4）
- ⑧ 歌（基本技能1）

## ① 音の復習（基本技能1）

　2回目のレッスン以降は，はじめに必ず前回までに習った文字の復習を行います。文字の音は，何度も繰り返して定着をはかることが非常に重要です。フラッシュカードを使い，毎回のレッスンの最初に子供に見せて，音とアクションを確認します（フラッシュカードの代わりに，紙や黒板に書いてもかまいません）。このとき，カードはランダムに示し，単なる暗誦ではなく，文字と音の対応が定着していることを確認します。反復によって，文字を見たら無意識に反応できるようにし，流暢さを獲得するのが目的です。ときには，アクションは行わせずに，文字の音だけを出してもらいます（このとき「手を後ろに組んで」と言うと，子供は楽しく従い，アクションを行いません）。文字を見て対応する音を素早く言えるようになればなるほど，読み書きも楽になります。

　また，文字の音の反復練習は，フラッシュカードのほか，ゲームや活動でも行うことができます。画用紙に文字を大きく書いて部屋の四隅に置き，「今

から英語の音を言います。その音の文字だなと思うところに走って行きましょう」といったゲームもよいでしょう。

文字の音を覚えるためのさまざまなゲームや活動を通じて、子供たちに刺激を与え、やる気をかきたてます。

### ② お話（基本技能1）

「文字の音」はお話を使って導入します。1日目のレッスンでは /s/ を教えます。絵本を開き、/s/ の絵を見せながら /s/ のお話を語ります。以下は、/s/ のお話です。

> サム（Sam）は犬のサムスン（Sampson）を連れて散歩に行きます。「今日はとても天気がいいから、少し離れた野原まで遊びに行こう」。そう言って、サムはサムスンと一緒に歩き出します。
> 
> 野原に行く途中には川があり、魚が気持ちよさそうに泳いでいます。きれいな花も咲いているし、きれいな色のキノコもあります。サムスンが枝（stick）を拾ってきて、「ワンワン！投げて、投げて」と吠えます。サムが枝を投げ、サムスンが拾ってくる…そんなことを繰り返しています。
> 
> すると突然、「ウ～～ワン！」とサムスンが怒って吠えます。何だろう、と草むらを見ると、ヘビが「s～～～」と言いながらこちらを見ています。サムスンは「ウ～～」と怒っています。ヘビも「s～～～」「s～～～」「s～～～」と言っていますが、しばらくすると「s～～～」「s～～～」と言いながらどこかへ逃げて行きました。サムは「噛まれなくてよかったね」と言って、また枝を投げて遊び始めます。

このようなお話を通して、/s/ の音とアクションを教えます。へびのように /s～～～/ という音を出しながら、s の文字を大きく宙に書いてみせます。そして、「この文字は /s/ という音だよ」と伝えます。なお、子供に英語の読み書きを教える最初の段階では、文字の音だけを使います。文字の名前（エー、ビー、シー…）を文字の音と同時に教えると、混乱する子供が少なくありません。このため、本書のレッスンでは文字の名前は教えません。もし子供たちの中から「エス」という「文字の名前」が出てきたときには、文字の名前を知っていることをほめつつ、「文字には名前と音がそれぞれあり、単語を読んだり書いたりするときにはその音を使うんだよ」と補足します。

### ③ アクション（基本技能1）

アクションはお話のなかで導入します。お話を読んでいるときは指導者だけがアクションをするようにして、お話が終わってから子供と一緒にアクションをします。指導者がアクションを行う際には、子供が真似しやすいよう、左右を逆に行うようにしましょう。各アクションの詳細は『ステューデントブック』（別売）にも掲載しています。

### ④ 文字指導（基本技能2）

お話を読み、/s/ の音とアクションを教えたら、『ステューデントブック』の s のページを開いてもらいます。子供には『ステューデントブック』のヘビの絵と s のアクションの絵を見ながら、空いた時間や宿題などで絵に色を塗ってもらうとよいでしょう。

きれいな文字を書くためには鉛筆を正しく持つことが大切です。親指と人差し指の間にはさみ、中指で押さえます。薬指と小指は丸めます。手を机の上に置き、親指と人差し指で鉛筆を動かします。指の様子を「カエルの足」になぞらえると、子供は喜びます。「カエルの足」を前や後ろに動かして文字を書いていくのです。また、文字を書く際には正しい書き順を教えることも大切です。書き順は、多感覚

法で教えると定着しやすくなります。そこで，文字を導入するときは，以下のすべてを行います。

1. 指導者が，紙か黒板に，正しい書き順で文字を書きます。
2. 指導者が，正しい書き順で文字を宙に書いてみせます。このとき，子供から見て正しい書き順に見えるようにします（＝鏡文字を書くことになります）。子供には，指を上げて，指導者の動きを真似ながら，その文字の音を言ってもらいます。同じことを何回か繰り返します。
3. 『ステューデントブック』は，何回かなぞり書きができるようになっています。正しい書き順になるよう矢印もついていますが，できれば子供が書いている様子を見て，正しい書き順かどうかチェックして下さい。

**小文字の特徴**

正しい書き順できれいな文字を書くには，以下の基礎知識が必要です。文字を4線上に正しくかけるように指導しましょう。

1. 小文字は文字によって高さが異なります。正しい文字の高さで書く必要があります。
   ・第1線と基線の間に書くもの
     b, d, f, h, k, l
   ・第2線と基線の間に書くもの
     a, c, e, m, n, o, r, s, u, v, w, x, z
   ・第2線と第4線の間に書くもの
     g, j, p, q, y
   ・その他
     i, tは第1線と第2線の間から基線にかけて書きます。

2. 文字の書きはじめには次の3種類のパターンがあります。
   ・まず上から下に棒を書くもの。
     b, f, h, i, j, k, l, m, n, p, t, u, v, w, x, y
   ・まずcの形を書くもの
     c, a, d, o, g, q
   ・まず左から右に書くもの
     e, z
   なお，sはこれらのパターンのいずれにもあてはまりません。

a, d, o, g, qは，文字の中にcの形が含まれています。ジョリーフォニックスではこれを「いもむしのc」と呼びます。

1つの単語の中の文字はくっつけて書きますが重なりあってはいけないこと，単語と単語の間にはスペースを設けることなども教えます。書き順はときどき再確認します。この後で行うディクテーションの折に，鉛筆の持ち方と書き順が正しいことを確認するとよいでしょう。

最初の数回のレッスンでは「文字をさがそう」と題して，本や教室のなかから，その日に学んだ文字の音を探してもらうのもよいでしょう。文字の音と，実際に本などに使われている単語にはつながりがあることを，理解してもらいます。

なお，この段階では小文字のみを扱います。大文字も記載されていますが，たまに少し触れるだけで十分です。

**塗り絵について**

子供たちは塗り絵が好きです。その文字と音を学習した後に，塗り絵を行うことで文字と音を定着さ

せることにも役に立ちます。また，細かい作業が苦手な子供は，正しくきれいな文字を書くのに多くの練習が必要です。そのための技能を伸ばす訓練として，『ステューデントブック』の塗り絵やなぞり書きは役に立ちます。また，罫線のある紙に書いてもらうことで，文字の大きさをそろえ，正確な書き順で書くよう後押しします。

## 筆記体について

ジョリーフォニックスでは，早い段階から筆記体を推奨しています。筆記体の方がなめらかに書けること，また筆記体のほうが正しいスペリングで書けるようになりやすいのがその理由です。連続した1つの動きによって単語を書くことで，文字の正しい配列が覚えやすくなります。

こうした理由からジョリーフォニックスでは「Sassoon infant」というフォントを使っています。このフォントは次の文字に続けられるような「しっぽ」がついており，筆記体を書くことにつなげやすくなっています。

筆記体を初めて教えるのは，ダイグラフ導入時が理想的です。ダイグラフを使い，文字と文字がくっつく方法，2つの文字で1つの音を作る方法を学びます。この場合も，文字を宙に書いてから紙に書くようにすると，楽に書けます。

日本では筆記体の指導はされていませんが，筆記体で書くことによって単語を認識することができ，文を書くときにも単語と単語の間のスペースを開けることができたり，LDを持つ子供には，単語を手の動きでとらえることができたりします。

## 母音について

他の文字も，上の/s/と同じ方法で教えていきますが，特に/a/, /e/, /i/, /o/, /u/を教えるときには，それらが「母音」と呼ばれる特別な文字であることを教えます。ダイグラフの指導がはじまる前に5つの「母音」をしっかりと教えましょう。また，「母音以外の文字を『子音』と呼ぶよ」と教えます。

### ⑤ 音の聞き取り（基本技能4）

「音の聞き取り」は，単語を聞いてその中に含まれる音を聞き分ける活動です。単語を指導者が言い，子供に特定の音を聞き取ってもらいます。これはセグメンティングの力をつけるための基礎になります。これは単語を書くために必要な技能です。以下はsの回の「音の聞き取り」手順です。

> 『ステューデントブック』にある snail, dress, sun, flower の絵を見てもらいます。「今からこれらの単語を言います。どの単語に/s/が入っていて，どの単語に/s/が入っていないでしょうか」と伝えてから，これらの単語を指導者が言い，子供に聞いて答えてもらいます。まず最初に指導者は「snail」と言い，/s/の音が聞こえるかどうか尋ねます。次に，「/s-n-ai-l/」と区切って言った後，再び「snail」と言います。同様に，「dress」と言った後に区切って「/d-r-e-ss/」と言い，再び「dress」と言い，どこで/s/の音が聞こえたか尋ねます。

付属の音声CDにはこの練習のための音声が収録されています。最初，聞き分けられる子供はわずかですが，次第にどの子供も正解できるようになっていきます。なかには，/s/の音が単語のどこにあるか（単語の最初，真ん中，最後など）を答えられる子供もいます。

別冊の絵本を使って音の聞き取りを強化するのもいいでしょう。その文字と音が含まれたイラストが各ページに盛り込まれています。単語は本書の各レッスンの指導ページに記載されています（音声なし）。

単語に含まれる1つひとつの音を識別する技能は「音韻意識」と呼ばれるものの1つです。音韻意識を高める練習を，毎回数題，行いましょう。

### 音韻意識の練習の例

音韻意識の練習の例を，もう1つ紹介します。最初のうちは，この練習には既習の文字の音だけを使います。例えば，/p/, /a/, /t/ を教えて初めて，pat という語をこの練習に使えるようになります。

1. 指導者は「pat の最初の音は何かな」と質問します。
2. 子供が「/p/」と言えたら，指導者は左手の親指を立てながら（手のひらが子供のほうに向くように）「/p/」と言い，子供にも親指を立てる動作をしてもらいます。
3. 指導者は「pat の次の音は何かな」と質問します。このとき pat の /a/ を強く発音します。
4. 子供が「/a/」と言えたら，指導者は人差し指を立てながら，「/a/」と言います。
5. 指導者は「pat の最後の音は何かな」と質問します。
6. 子供が「/t/」と言えたら，指導者は中指を立てながら「/t/」と言います。
7. 別の単語でも同様に行います（sit, at, sat など）。指導者は単語を言い，指を立てながら1つひとつの音を発音し，子供も同じようにします。最初のうちは指導者に続いて指を出してもらいますが，少ししたら子供は自ら，指に合わせて1つひとつの音を言えるようになります。
8. このとき，書き方も教えることができます。上の例で，子供が正解を言えたら，子供が正しい音を言うのに合わせて，指導者は対応する文字を紙か黒板に書きます。
9. 単語が書けたら，ブレンディングをしながら読み上げます。

### ダイグラフの教え方

ダイグラフは，「2つの文字で1つの音を表す」ものだと子供に理解してもらいます。最初に子供に教えるダイグラフは，/ai/（エィ）です。

nail などの単語を子供に言って聞かせ，/ai/ の音を探してもらいます。その後，1つひとつの音に対して指を立てながら，/n-ai-l/ と3つの音に分けて言います。rain, paint, sail なども，/ai/ の音を探してもらうのに使うことができます。

単語に含まれる /ai/ の音を聞き分けられるようになったら，『ステューデントブック』を使います。/ai/ の音が含まれる単語のディクテーションが，比較的簡単にできるようになります。

特に日本人には母音のダイグラフを1つの音と捉えることが難しく，定着には時間がかかります。音の聞き取りのときに /ai/（エィ）や /oa/（オゥ）の音で指を1本だけ出し，1つの音であることを理解させます。

### ⑥ ブレンディング（基本技能3）

音の聞き取りの練習を通して，子供は単語は細かい音に分けることができ，また1つひとつの音がかたまりとなって単語になることがなんとなく分かってきています。ブレンディングはつづりを見ながら1つひとつの音を組み合わせる技能です。これは初めて見る単語を読む力につながります。

### ブレンディングの練習方法の例

指導者は，これまで学習した文字の音だけを使った規則的なつづりの短い単語（tap, pan, pit, sit, pin など）を選び，それを紙や黒板に書くかフラッシュカードで見せます。子供たちには，それを見て1つひとつの文字の音を発音してもらい，それを単語へとブレンディングしてもらいます。その際，各音の下に点（音ボタン）をつけ，1つひとつの音を正確に出せるようにします。これは特にダイグラフ（ai, th など）の指導に効果的です。

3番めの文字である t のレッスンからブレンディングが始まります。子供たちは『ステューデントブック』の枠の中に書かれている at という単語を

1つずつ /a/-/t/ と発音し，/at/ と読んでいきます。ブレンディングの際は，子供たちにはアクションは使わせないようにしましょう。

学習が進むにつれて，読める単語が増えてきます。本書資料編の単語集を活用するとよいでしょう。

## ブレンディングの際の発音のコツ

子音は2種類に分けることができます。1つは，長くのばしてもその音が変わらないタイプ。/s~~~/，/f~~~/，/r~~~/，/m~~~/，/n~~~/，/v~~~/ などです。もう1つは，/t/，/p/，/g/ のように長くのばせないタイプです。

ネイティブスピーカーは，例えば，/b/ を言うと /buh/ となり，最後に /ə/（シュワサウンドと言い，すべての英語の音でいちばん多いものです）がつきます。これは私たち日本人には「バ」と言っているように聞こえます。本書付属のCDはシュワサウンドがつかないように録音してあります。

一方，日本人は，/s/ を /su/，/p/ を /pu/ というように母音をつけてしまいがちですが，それだと音と音をうまくくっつけることができません。pin をブレンディングするときに「プイン」となってしまい，「ピ」という音にできなくなってしまいます。

## ブレンディングをなめらかに行う練習

ブレンディングでは，なるべく母音を強く言うようにしましょう。特に，子音を強く言おうとすると母音がくっついた音になってしまい，ブレンディングがとても難しくなります。そこで，tap という単語を読むときには，大げさなくらい /a/ を強調して発音するようにします。すると最初の文字と母音が自然にくっつき，なめらかに言うことができます。

英語の音に慣れていない日本人の子供たちがブレンディングをマスターするには時間がかかります。これは，ひらがなを習い始めた子供と同じです。ひらがなを習い始めた頃は，日本人の子供でもたどたどしくしか教科書を読むことができませんが，声に出して繰り返し読むうちになめらかに読めるようになります。同様にブレンディングをマスターするには時間がかかりますが，練習あるのみです。

## 連続子音

連続子音（/cr/，/fl/，/str/ など）のブレンディングは，各自で練習してもらうとよいでしょう。その際，すでに習った子音だけが含まれるような連続子音になるよう注意します。例えば，/w/ をまだ教えていない場合は，/sw/ という子音のブレンディングは自習させてはなりません。

連続子音のブレンディングを練習しておくと，これが含まれる単語を楽に発音できます。子供には連続する子音を続けて言うよう勧めます（/p-l-a-n/ よりも，/pl-a-n/ と言うよう勧めます）。『ステューデントブック』では，9ページから，ant のように，連続子音を含む単語が登場します。

### ◆語頭の連続子音

| bl- | cl- | fl- | pl- | sl- | br- |
|---|---|---|---|---|---|
| cr- | dr- | fr- | gr- | pr- | |
| tr- | st- | sc- | sm- | sn- | tw- |
| shr- | thr- | scr- | spr- | str- | |

### ◆語末の連続子音

| -lb | -ld | -lf | -lk | -lm | -ln |
|---|---|---|---|---|---|
| -lp | -lt | -ct | -ft | -nt | |
| -pt | -st | -xt | -mp | -nd | -sp |
| -sk | -nk | | | | |

## ダイグラフのブレンディング

ダイグラフのブレンディングの際は，「2文字で1つの音を出す」という規則を思い出してもらうことになります。複雑な技能が要求されますが，ダイグラフを使った規則的なつづりの単語のブレンディングを行うことで，この規則の定着をはかることができます。例えば，/ai/ を含む規則的なつづりの単

語（pain, rain, train, Spain など）のフラッシュカードを作ったり，学校で指導する場合は黒板に書いたりして，ブレンディングの練習を行います。また，ダイグラフに下線を引くとよいでしょう。

### 頭の中でブレンディングを行うアクティビティ

最初のうちのブレンディングは，実際に子供たちに声を出して行ってもらいますが，いずれは声を出さずに頭の中だけで行ってもらいます。こうすることで，すらすらと読む力を後押しします。

1. 指導者が，音は言わずにアクションだけを示します。例えば pin なら，指導者は1つひとつの文字の音のアクションを順に行います（/p/ →人差し指をロウソクのように立てて息を吹きかける，/i/ →頬に指でネズミのひげを描くような動作をする，/n/ →両腕を横に突き出す）。子供たちにはアクションを見て単語をあててもらい，その単語を書くか言うかしてもらいます。
2. パントマイム。子供に，単語に含まれる文字の音のアクションを，音を出さずに行ってもらいます。
3. 紙か黒板にアルファベットの文字をランダムに書きます。指導者は，ある単語を思い浮かべながら，文字を順に指でさしていきます。子供はそれを見ながら，頭の中で音を思い浮かべて，単語をあてます。

子供たちが簡単な単語のブレンディングをできるようになったら，単語をたくさん与え，どんどん読んでもらうことが大切です。資料編の単語集を活用しましょう。そうすることで，英語を読むために欠かせない流暢さが身につきます。

### ブレンディングができない場合

ブレンディングに苦労し，細かく教えなければならない子供もいます。このような子供は視覚的な記憶が悪い傾向があり，その後も単語を覚えるのに苦労するので，ブレンディングの能力はより一層大切です。文字の音を単語へとブレンディングできない場合，次の2つの理由が考えられます。

1. 文字の音が十分に定着していない。
「文字を見た瞬間に，音が出てくる」このレベルまで達しなければなりません。文字を見てから音を思い出すまでに時間がかかっていると，その単語が何だったか分からなくなってしまいます。これを改善するには，文字の音をこまめに復習する必要があります。フラッシュカード，アクション，または文字の音を使ったその他のアクティビティで，定期的に復習を行いましょう。
2. 文字の音の強調の仕方が間違っている。
文字の音を発音するときは，母音を強く言います（/dog/ なら /o/ を強く言う）。子音を強く発音すると，日本語の音（母音をくっつけた音）になってしまい，ブレンディングがうまくできません。また，単語に含まれる最後の音を強く言ってしまうと，その音が耳に残り，その音を最初に持ってこようとして間違えます。

「語頭の子音と短母音を最初からくっつけて言う」という方法も，苦手な子供には有効です。時々，「子音＋短母音」の組み合わせをいくつか紙か黒板に書き，子供に練習をしてもらいましょう。

◆子音＋短母音の例

| pa | pe | pi | po | pu |
| ra | re | ri | ro | ru |
| fra | fre | fri | sto | stu |

## ⑦ ディクテーション（基本技能4）

ディクテーション（英語を読み上げ，それを書き取ってもらうこと）は，英語を書く技術を伸ばすために重要です。ディクテーションは『ステューデントブック』のほぼ最初から行います。

### ディクテーションの手順

1. 文字の音のディクテーション

    最初のうちは，文字の音のディクテーションを行います。文字の音を1つ教えたら，その音を言って，対応する文字を子供たちに書いてもらいます。子供が書き終わったら，指導者が正解の文字を紙か黒板に書き，答え合わせをします。書くことに自信が芽生えるのを見届けながら，書いてもらう文字の音を増やしていきます。最初は，子供の出来不出来に，大きなばらつきがあることでしょう。

2. 単語のディクテーション

    最初の3文字を教えたら，単語のディクテーションに進みます。まず，1つの文字の音のディクテーションをいくつか行います。続いて，初めての単語のディクテーションとして，itとatのディクテーションを行います。このとき，子供は単語を聞き，そこに含まれる音を自分で識別して，音に対応する文字を書きます。書くときは，文字と文字の間隔が開かないよう，でも重ならないよう，注意させます。

    itを書いてもらったら，子供に読み上げてもらいます。子供の声にあわせて，指導者は紙か黒板にitと書きます。子供には，自分が正しく書けたか，答え合わせをしてもらいます。正解なら，自分で○をつけてもらいましょう。最初のうちは，itのiしか書けない子供もいますが，だんだん音に耳を合わせられるようになり，何をすべきかわかってきます。中にはサポートが必要な子供も出てきます。単語のディクテーションは，まず「母音-子音」からなる語（at, inなど）や「子音-母音-子音」からなる語（cat, sat, pinなど）だけに絞ります。それから，子音が連続する語やダイグラフのディクテーションへと進みます。

### 子音＋子音のセグメンティングの練習

3文字語に含まれる音を識別できるようになったら，もっと長い語に進みましょう。この段階で初めて，連続子音が含まれる単語を取り上げます。多くの場合，子供は連続子音のうち，1つの子音しか聞き取ることができません。frogをfogと書いたり，wentをwetと書いたりします。

### 連続子音のセグメンティングの練習方法

1. 指導者が「子音＋子音」を読み上げます。
2. 子供に，1つひとつの音を，指を立てながら言ってもらいます。

    例：指導者が「/cr/」と言い，子供には親指を立てながら/c/，人差し指を立てながら/r/と言ってもらいます。

3. いくつかの「子音＋子音」で，同様に繰り返します。
4. その後，「子音＋子音」を含む単語を混ぜます。

◆連続子音を含む単語の表

| clap | drop | trim | snap | swam |
| --- | --- | --- | --- | --- |
| span | stop | plan | twin | flip |
| golf | silk | gift | soft | kept |
| next | camp | grand | frost | print |

### ⑧ 歌（基本技能1）

最後にまとめとして歌を歌います。本書付属のCDには，/s/から/ar/まで，1つの音につき1つの歌が収録されています。また本書巻末の資料編には歌詞と対訳が掲載されています。子供が英語の歌を歌うことは難しいので，すべてを歌う必要はありません。音を強調して歌っている部分のみ，アクションをしながら一緒に音を出しましょう。

これで各レッスンの活動は終わりです。どんな音と文字を学習したか振り返り，子供の頑張りをほめてあげましょう。

### step up 読み書きの練習

巻末のstep upは，42音の学習をまとめ，次の段階の学習につなげるための活動です。「読み書きの練習」では，これまでに習った内容を復習しながら，文字を読んだり書いたりする練習を行います。

> 1. 指導者は，単語のリストを紙か黒板に書きます。子供と一緒に1語ずつブレンディングを行います。
> 2. 次にセグメンティングを行います。指導者は，同じ単語をもう一度ゆっくり読みます。子供はそれを聞きながら，単語に含まれる音の1つひとつに対して指を立てます。

#### モデルセンテンスを使ったディクテーション

指導編の「読み書きの練習」のページにはモデルセンテンスが用意されています。これを使って，文を書く練習を行います。

> 1. 指導者は本書に掲載されているモデルセンテンスを読み上げます。子供は，指導者の助けを借りながら，聞いた文を書くことにチャレンジします。モデルセンテンスは語彙がコントロールされています。42の文字の音と，既習のひっかけ単語しか含まれていません。このような文を使うことで，子供は自力で正しいつづりにたどりつけるのです。
> 2. 子供がひととおり文を書けたら，指導者は正解を紙か黒板に書き，子供に読み上げてもらいます。規則的なつづりの語については，音を1つひとつ識別してもらいます。

### step up ひっかけ単語

ひっかけ単語はフォニックスのルールにあてはめることができない単語です。『ステューデントブック』の最後に13個登場します。ひっかけ単語は，体系的に教えることと，何度も繰り返し練習することが大切です。「見る→写す→隠す→書く→確認する」という順番で学んでいきます。

> 1. 子供にひっかけ単語を見せ，ひっかけの部分がどこかを言ってもらいます。
> 例：「meの最後の音は/ee/だけどつづりはe。mは規則通り」。
> 2. ひっかけになっている部分に気を付けて，単語を宙に書いてもらいます。
> 3. 『ステューデントブック』で単語をなぞり書きしてもらいます。
> 4. なぞった単語を隠し，となりの行に同じ単語を書いてもらいます。書けたら隠していた単語を照らし合わせて確認します。さらにとなりの行で，もう一度繰り返します。

ひっかけ単語のディクテーションを定期的に行い，定着を確認するのもよいでしょう。ひっかけ単語のフラッシュカードを作るのも，読みを確認するのに効果的です。ひっかけの部分がどこか，よく見てもらい，テクニックとルールを教えることで，やがて正確につづれるようになるでしょう。

## コラム　苦手をフォローすること

　学校で指導する場合，どのクラスにもたいてい，学習ペースについていけない子供が何人かいます。理由としては以下のどれか，またはすべてが考えられます。

1. 文字の記憶力が悪い
2. 何らかの理由で学校を休みがちである
3. 集中力に問題がある
4. 家庭学習でのフォローがまったく（ほぼ）ない

　理由はどうあれ，問題があればそれを克服しなければなりません。個別指導，またはクラス内でのグループ指導で補います。こうした子供たちは，教え方は同じでかまいませんが，もっと多くの練習量をこなす必要があります。

　保護者の協力も非常に大事です。保護者会などで「英語の文字を学ぶ段階では，5人に1人がつまずきます。これは知能の問題ではなく，文字と音を結びつける脳の回路が弱いために起こります。もし1日1文字の学習ペースについて行けない場合，お子さんはこの5人の中の1人である可能性が高いので，ご家庭での支援が非常に助けになります」と伝えましょう。子供が学習に苦しんでいるときには，保護者にそのことを伝えなければいけません。子供が抱える問題を理解し，保護者に時間をとってもらって子供の学習を手伝ってもらうためです。

　保護者に学習を手伝ってもらう方法としては，「42の文字の音を1つずつ書いたカードのセットを作り，学校で学習が終わったものを封筒に入れて子供に渡し，家に持ち帰って勉強してもらう」というものがあります。その子供の進捗を見ながら渡し，せかすことのないようカードは少しずつ封筒に足していきます。文字の音の知識を強化し，流暢性を身に着けてもらうことが目標です。

　その際は，保護者に英語の文字には，名前（エィ，ビー，シー）と音（/a/，/b/，/c/）があり，学校ではこの音のみを指導していることを明確に伝えます。せっかく子供が学校で /s/ を学んでも，家庭でエスと発音してしまっては，子供が混乱してしまうためです。また，指導する順番も abc 順ではないこともきちんと伝えましょう。英語の文字の学習に困難を覚える子供も，アルファベットの文字と音の対応をマスターし，読み書きが比較的流暢になると，学習に負担を感じることもだんだん減ってきて，周囲に追いつけるようになります。

　文字を書くという点でのフォローとして，教具を工夫してみましょう。例えば，通常，文字を書くときには紙と鉛筆を使用しますが，ホワイトボードとペンを使用してみます。文字を書くことが苦手な子供は，間違えた時に消しゴムで消すことが苦痛で，書くことにためらいを感じています。ホワイトボードであれば，間違えた時に，さっと消すことができ，その部分も後に残りません。

　また，習った文字のフラッシュカードを使うこともできます。聞いた単語を1音ずつセグメンティングするときには，それぞれの文字の音をカードから選ぶこともできます。そのカードをクリアファイルにはさみ，上からホワイトボード用のペンでなぞることもできます。その後，カードをクリアファイルから抜き出すと，自分で書いた文字が残っており，自分で書いたという喜びも得ることができるでしょう。

　ほかにも，砂を使用したり，粘土等で文字の形をつくって練習したりすることもできます。文字指導は，紙と鉛筆だけではないのです。

## ③ 42音の学習が終わったら

### その先の指導に向けて

ジョリーフォニックスのプログラムでは，42音を学習した後，より複雑なルールを学んで行きます。これらのルールを覚えることで，子供はより多くの単語や文を読めるようになります。日本語でもひらがなを学習したら，「は」「へ」などの助詞の使い方や，カタカナ，漢字を学習して，文を読み書きする基礎の力を徐々に付けていきます。ジョリーフォニックスも同じように指導していくのです。実際に，42音を習得した子供たちは，中学校の単語の約30％ほどが読み書きでき，次のステップのジョリーフォニックスに登場する同音異綴りを学習すると，中学校で習う単語のさらに約30％ほどが読み書きできるようになっています。

ここでは，ジョリーフォニックスのプログラムで指導するプラスアルファのルールと，その先の指導方法の一部を紹介します。

### 2つの母音が並ぶと，しゃべるのは最初だけ

「単語の中に2つの母音字が並んだつづりでは，最初の母音字を長母音で読み，続く母音字は読まないことが多い」というルールです

例：dream, people

### 短母音でうまくいかないときは，長母音で読む

短母音で読んでみて知っている単語にならないときは，長母音で読んでみます。

例：he, be, blind, mind, acorn, union, able, emu, item

このルールは，「マジックe」と呼ばれるつづりを説明するのにも役立ちます。

例：late, theme, pipe, home, cube

### シャイなiと頼もしいy

「語末の/i/はyとつづる」というルールです。
「iという文字はとてもシャイなので，頼もしいyに置き換わることがある」と説明します。

### ソフトc，ソフトg

cのあとに母音e, i, yが続くと，cは/s/という「ソフト」な音になります。

例：ice, race, city, circle, cycle

同様に，gのあとに母音e, i, yが続くと，gは/j/というソフトな音になります。

例：gently, giant, gymnastics

### 同音異綴り

42音を学習したら，「同音異綴り」を教えます。同音異綴りには次のようなものがあります。

| 音 | 同音異綴り | 例 |
|---|---|---|
| /ai/ | ai, a_e, ay | rain, date, day |
| /ee/ | ee, e_e, ea | tree, eve, eat |
| /ie/ | ie, i_e, y, igh | pie, line, my, night |
| /oa/ | oa, o_e, ow | boat, bone, snow |
| /ue/ | ue, u_e, ew | value, use, few |
| /oo/ | oo, u | book, push |
| /oo/ | oo, ue, ew, u_e | moon, blue, flew, rule |
| /er/ | er, ir, ur | sister, bird, turn |
| /oi/ | oi, oy | oil, boy |
| /ou/ | ou, ow | mouse, brown |

### 弱音化，黙字

黙字（発音しない文字）や弱音化（母音の発音が弱まる現象）は，あえてフォニックス通りに読むことで，覚えやすくなります。例えば，Wednesdayを「ウェド・ネス・ディ」と読みます。

黙字の例：write, knock, island

弱音化の例：mother, doctor

### 短母音に関するルール

ジョリーフォニックスの最初のほうでは，母音のなかでも短母音 /a//e//i//o//u/ が登場します。子供に短母音に注意しながら単語を聞いてもらい，短母音を指摘できるようなら，次のルールを理解できることでしょう。

**短い単語で，短母音の次に /ck/ が続くとき，/ck/ は ck とつづる。短母音でない母音の次に続くときは k とつづる**

　例：black, neck, look, dark

**短母音を含む短い単語で，語末が f, l, s, z の場合，この語末の子音は二重になる**

　例：cliff, spill, miss（例外は，if, is, of）

**短母音を含む短い単語に，接尾辞 ing, ed, er, y をつけるときは，接尾辞の直前に子音が2つ以上来る必要がある**

・語末に1つしか子音がない場合は，この子音を2度重ねてから接尾辞をつける。
　　例：run → running, stop → stopped,
　　　　thin → thinner, fun → funny
・語末に子音が2つもともとある語は，2度重ねる必要はない。
・短母音を含んでいない語は，子音を2度重ねる必要はない。
　　例：look → looking, heat → heated,
　　　　light → lighter, dream → dreamy

### 文のディクテーション

いくつかのひっかけ単語を知り，その一部をつづれるようになったら，初めて1文のディクテーションを行います。文のディクテーションは，1人で書けるようになるための第一歩です。文のディクテーションは，単語を書く練習になりますし，また「文とは何か」「文の最初は大文字で，最後はピリオドを打つ」といったことも学ぶ機会になります。

### 自力で英語を書く

最終的には，自力で文章が書けるようになるのが目標です。文字の音を学び，単語に含まれる音を識別できるようになり，ディクテーションの練習を重ねたら，いよいよ1人で書く番です。

これは，ジョリーフォニックスで1年学んだ日本人の子供が書いた作文です。

「eets」「scie」「biet」は正しくは「eats」，「sky」，「bite」ですが，この子供は既習のフォニックスを使って自分の力でこれらの単語を書いています。

## コラム　よりよい指導に向けた教材群

　ジョリーフォニックスでは，子供たちのさまざまな特性に合わせて，数多くの教材が開発されています。ここではジョリーラーニング社から発行されている教材を一部紹介します。
　なお，ジョリーラーニング社のホームページにはこれらの教材の詳細な情報（英語）があります。

`Jolly Learning` 🔍

### 42音の指導を助ける教材

**Finger Phonics Book**
　文字が本に彫られており，指でなぞって覚えることができる絵本です。触覚を使った多感覚法の指導のための教材です。

**Finger Phonics Big Book**
　拡大版の絵本です。教室で指導する際には『Big Book』があるとよいでしょう。

**Tricky Word Flower**
　Tricky Word Flower は壁に貼るためのもので，学んだひっかけ単語の花を順に壁に貼っていけるようになっています。週を追うごとに花が完成していきます。

**Jolly Phonics Wall Frieze**
　25cm四方の紙にかかれた各文字の音とイラストのポスターです。各文字の音を学習したら，その音のポスターを教室に貼っていきます。子供がブレンディングやセグメンティングをする助けになります。

**Jolly Phonics Resources CD**
　自作の教材を作るのに役に立つCDです。

**Phonics Games CD**
　単語に含まれる音を聞き分けるためのゲームが収録されており，必要な練習を積むことができます。

**Jolly Phonics Magnetic Letters**
　小文字の形をしたマグネットです。子音は赤，母音は青に色分けされています。ダイグラフを合わせた106個のピースが含まれています。

### 42音以降のジョリーフォニックスプログラムのための教材

**Jolly Phonics Student Book 2, 3**
　『はじめてのジョリーフォニックス—ステューデントブック—』（本書に準じた学習者用ワークブック。別売）の続編にあたります。同音異綴りやひっかけ単語などを学びます。（2017年4月現在，英語版のみ）

**Jolly Phonics Teacher's Book**
　『Jolly Phonics 1〜3』の指導マニュアルです。本書はこのマニュアルの一部を日本人指導者向けに編集，翻訳した日本語版入門書です。

**Jolly Phonics Read and See**
　42音を終了してすぐに読める絵本です。文は使わず単語のみを使用しているため，英語の文になれていない子供たちでも無理なく読めます。

**Jolly Phonics Readers**
　既習のフォニックスルールで読むことができる単語のみで書かれた本です。レベルに応じたラインナップがあります。

**Jolly Grammar 1, 2, 3, 4**
　ジョリーフォニックスの続き，ジョリーグラマーのワークブックです。

# 指導編

# 指導編の使い方

本指導編では，42音の各レッスンの授業案を紹介しています。原則として1つの見開きを1レッスンで扱います（ee or, oo oo, th th は各2レッスン）。1つのレッスンを15分〜20分を目安に行うようにしてください。

### 絵本縮刷

「おはなし」や「音の聞き取り」で使用する絵本の紙面です。インキーマウス，ビー，スネイクなどのキャラクターやなぞの目を探してみましょう。（詳細は本書p.6-7「用語集」を参照）

※本書別冊の絵本の紙面上では，見出しのアルファベットは小文字のみを示しています。また，ページ下部には，アクションに加え，発音すべき音を示しています。

### 指導の手順

指導者はこの部分を順番に指導します。枠内には，その活動で使用する教材が下記のアイコンで示されています。

 フラッシュカード（本書巻末のものを使用）

 絵本（本書別冊，または『Finger Phonics Book』（p.30），『Finger Phonics Big Book』（p.30）などを使用）

 音声CD（本書付属のものを使用）

 『ステューデントブック』（別売。番号は同書内問題番号に対応）

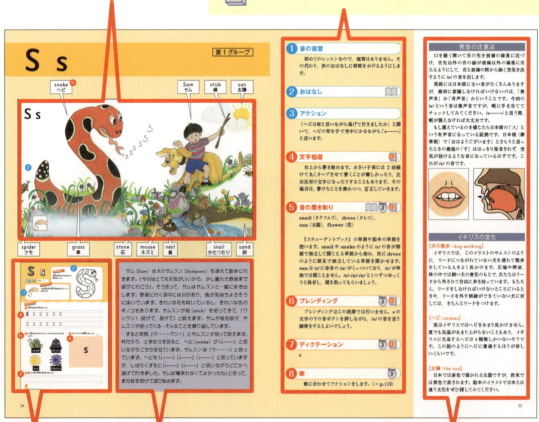

### 『ステューデントブック』縮刷

『ステューデントブック』（別売。本書カバー前そで部分参照）を使った指導の流れを示しています。紙面上の番号と指導案の番号が対応しています。

### おはなし

赤丸がついている部分は文字の音を強調し，アクションをしながら読みましょう。また，文字の音を含む主な単語は（　）内に訳を示しています。この部分も日本語で読んだ後に英語の音で読むとより効果的です。

### 発音の注意点

日本人にとって発音しにくい点や発音のコツをまとめています。

### イギリスの文化

ジョリーフォニックスが生まれたイギリスの文化的背景を知ることで，理解の助けになるでしょう。

## 指導の手順

### ①音の復習
フラッシュカードを使って，前回までに覚えた音と文字を復習します。フラッシュカードに書かれた文字を見て，反射的に文字の音とアクションが出てくるようになると良いでしょう。（詳細は p.18 を参照）

### ②おはなし
絵本を開いて，まずはどんなものが見えるかを探してもらいましょう。ターゲットとなる音を強調し，アクションを行いながら読むようにします。（詳細は p.19 を参照）

### ③アクション
おはなしが終わったら，子供と一緒にアクションをします。（詳細は p.19 を参照）

### ④文字指導
文字の書き方を指導します。まずは指導者がお手本を示しましょう。『ステューデントブック』の四線は上段が練習用，下段が復習用です。（詳細は p.19 を参照）

### ⑤音の聞き取り
絵本のイラストに載っている単語または『ステューデントブック』の4枚のイラストの単語を使って練習します。単語を1音ずつゆっくりと発音し，その単語にレッスンで扱う音が含まれているかどうかを当てさせます。特にダイグラフの聞き取りは難しいので，しっかりと発音するようにしましょう。（詳細は p.21 を参照）

### ⑥ブレンディング
『ステューデントブック』のブレンディングの欄には，文字の下に「音ボタン（点）」があります。子供には「このボタンを1回押すたびに，この文字の音を1回発音します」と伝えましょう。

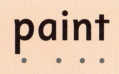

単語の下の音ボタンを1つずつ押しながら，文字の音を言います。次第にボタンを押す間隔を短くすることで，文字の音を合成して単語の音を作りましょう。

特にダイグラフは音ボタンを意識しながら指導するようにします。（詳細は p.22 を参照）

### ⑦ディクテーション
指導者が単語を読み上げ，それを子供が書き取ります。子供が聞き取りやすいように，1つひとつの音をしっかりと発音して読むようにしましょう。4音以上の単語は，子供の様子を見ながら行うようにします。（詳細は p.25 を参照）

### ⑧歌
アクションをしながら歌を歌います。歌詞は巻末（p.119-123）に掲載しています。（詳細は p.26 を参照）

## 扱いに注意を要するページ

### 【ck】（p.46）
/c/ と /k/ と /ck/ は同じ音ですので，ここでは2つの文字を同時に導入します。基本的な指導の流れは他の時間と変わりませんが，「④文字指導」の際には2つの文字を書かなければいけないので注意しましょう。

### 【ee or】（p.78），【oo oo】（p.88），【th th】（p.98）
これらの音はそれぞれ2回のレッスンに分けて指導します。下記は ee or の指導の流れです。oo, th も同様の流れで指導してください。

**1回目**　「①音の復習」〜「③アクション」は ee と or をセットで導入し，「④文字指導」〜「⑦ディクテーション」は ee のみを扱います（oo, th の場合は「④文字指導」までセットで導入）。「⑧歌」は再びセットで扱います。

**2回目**　「①音の復習」〜「③アクション」はセットで軽く復習し，「④文字指導」〜「⑦ディクテーション」は or のみを扱います（oo, th の場合は「④文字指導」までセットで導入）。「⑧歌」は再びセットで扱います。

### 【ar】（p.110）
ar はイギリス英語とアメリカ英語で発音が大きく異なるため，それぞれ別の物語や歌を用意しています。本書ではアメリカ英語版を扱います。

# S s

第1グループ

- snake ヘビ
- Sam サム
- stick 棒
- sun 太陽
- spider クモ
- grass 草
- stone 石
- mouse ネズミ
- nest 巣
- snail かたつむり
- sand 砂

　サム（Sam）は犬のサムスン（Sampson）を連れて散歩に行きます。「今日はとても天気がいいから，少し離れた野原まで遊びに行こう」。そう言って，サムはサムスンと一緒に歩き出します。野原に行く途中には川があり，魚が気持ちよさそうに泳いでいます。きれいな花も咲いているし，きれいな色のキノコもあります。サムスンが枝（stick）を拾ってきて，「ワンワン！ 投げて，投げて」と吠えます。サムが枝を投げ，サムスンが拾ってくる…そんなことを繰り返しています。

　すると突然，「ウ〜〜〜ワン！」とサムスンが怒って吠えます。何だろう，と草むらを見ると，ヘビ（snake）が「s~~~~」と言いながらこちらを見ています。サムスンは「ウ〜〜〜」と怒っています。ヘビも「s~~~~」「s~~~~」「s~~~~」と言っていますが，しばらくすると「s~~~~」「s~~~~」と言いながらどこかへ逃げて行きました。サムは「噛まれなくてよかったね」と言って，また枝を投げて遊び始めます。

## 1 音の復習

初めてのレッスンなので，復習はありません。その代わり，次のおはなしに時間をかけるようにします。

## 2 おはなし

## 3 アクション

「ヘビは何と言いながら逃げて行きましたか」と聞いて，ヘビの形を手で空中にかきながら「s~~~~」と言います。

## 4 文字指導

右上から書き始めます。小さい子供には 2 回続けて丸くカーブさせて書くことが難しかったり，左右反対の文字になったりすることもあります。その場合は，書けたことを褒めつつ，訂正していきます。

## 5 音の聞き取り

snail（カタツムリ），dress（ドレス），sun（太陽），flower（花）

『ステューデントブック』の単語や絵本の単語を使います。snail や snake のように /s/ の音が語頭で独立して聞こえる単語から始め，次に dress のように語末で独立している単語を聞かせます。sun は /s/ に母音の /u/ がくっついており，/s/ が単独では聞こえません。/s/-/u/-/n/ と 1 つずつゆっくりと発音し，聞き取ってもらいましょう。

## 6 ブレンディング

ブレンディングはこの段階では行いません。s の文字の下の音ボタンを押しながら，/s/ の音を言う練習をするとよいでしょう。

## 7 ディクテーション

s

## 8 歌

歌に合わせてアクションをします。（→ p.119）

## 発音の注意点

口を軽く開いて舌の先を前歯の歯茎に近づけ，舌先以外の舌の縁が前歯以外の歯茎に当たるようにして，舌と前歯の間から強く空気を出すように /s/ の音を出します。

英語には日本語にない音がたくさんありますが，最初に意識しなければいけないのは，「無声音」か「有声音」かということです。今回の /s/ という音は無声音ですが，喉に手を当ててチェックしてみてください。/s~~~~/ と言う間，喉が震えなければ大丈夫です。

もし震えているのを感じたら日本語の「ス」という有声音になっている証拠です。日本語（標準語）で「おはようございます」とさらりと言ったときの最後の「す」ははっきり発音されず，空気が抜けるような音になっているはずです。これが /s/ の音です。

 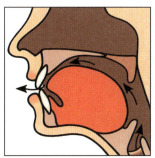

## イギリスの文化

### 【犬の散歩：dog-walking】

イギリスでは，このイラストのサムソンのように，リードにつながれていない犬を連れて散歩をしている人をよく見かけます。広場や野原，林の中では飼い主の責任のもとで，犬たちはリードから外されて自由に歩き回っています。もちろん，リードをしなければいけないところにいるときや，リードを外す訓練ができていない犬に対しては，きちんとリードをつけます。

### 【ヘビ：snakes】

実はイギリスではヘビをあまり見かけません。夏でも気温があまり上がらないこともあり，イギリスに生息するヘビは 4 種類しかいないそうです。この絵のようにヘビに遭遇するほうが珍しいくらいです。

### 【太陽：the sun】

日本では赤色で描かれる太陽ですが，欧米では黄色で表されます。絵本のイラストで日本とは違う文化をぜひ探してみてください。

# A a

第1グループ

- jam ジャム
- hat 帽子
- dad お父さん
- rabbit ウサギ
- Annie アニー
- apple リンゴ
- Adam アダム
- ant アリ

　アニー（Annie）とアダム（Adam）はピクニックが大好きです。休みになると、いつもお父さんとお母さんにピクニックに連れて行って、とお願いします。お父さんは「自分たちで支度ができるのならいいよ」と言うので、アニーは早速大きなかごを持ってきて、パンとジャムを入れます。アダムは大好物のリンゴ（apple）と飲み物、そしてカップケーキを入れます。「準備ができたよ！」と言って、さぁ、車でお出かけです。

　4人は見晴らしのいい場所でピクニックを始めます。アニーはお母さんにジャムサンドイッチを作ります。アダムはリンゴを食べます。すると突然、アニーは腕がかゆくなってきます。腕を見ると、アリ（ants）が上がってきています！「a! a! アリだ！アリ、くすぐったい！ a! a! a!」と言いながら、アリを追い払います。

　お父さんは「アリの巣の上にピクニックシートを広げちゃったね。アリがかわいそうだから、違う場所に行こう」と言って、4人は違うところでまたピクニックをします。

## 1 音の復習

s

## 2 おはなし

## 3 アクション

「アニーは何と言いながらアリを追い払いましたか」と聞いて，腕に這い上がってくるアリを追い払うようにしながら「a, a, a」と言います。

## 4 文字指導

右上から始まり，c を書いてから始点に戻り，そのまま下に降ろして，一筆で書きます。a の文字は子供にとって難しい字です。しっかりと定着させましょう。

## 5 音の聞き取り

ant（アリ），teddy（クマのぬいぐるみ），arrow（矢），bat（コウモリ）

『ステューデントブック』の単語や絵本の単語を使います。/a/ の音が独立して聞こえる ant や apple などの単語を最初に行います。bat は子音の /b/ と /a/ がくっついて聞こえるため，特に日本人の子供は「バ」を1音だと思ってしまいますが，/b/-/a/-/t/ とゆっくり発音したり，/a/ の音を少し大きめに言ったりすると聞き取りやすくなります。

## 6 ブレンディング

ブレンディングはこの段階では行いません。s, a の文字の下の音ボタンを押しながら，/s/, /a/ の音を言う練習をするとよいでしょう。

## 7 ディクテーション

s, a

## 8 歌

歌に合わせてアクションをします。（→ p.119）

## 発音の注意点

日本人に難しい /a/ の音。日本語の「あ」の音は英語では /u/ の音になります（/u/ は「う」ではありません）。この /a/ の音を出すコツはまず，口を思い切り横に開いて大げさなくらい「え」の音を出します。次に，その口の形を丸くするように上唇は上にひっぱり，下唇は顎を落とすようにして「あ」と発音します。

アクションをする際，子供たちに「アリが腕に上がってきたらいやでしょ。思いっきり追い払おう」と伝えるときに，「嫌なものを追い払うときには『あ，あ，あ』とだら〜とした声にならず，声が高い『a! a! a!』という声になるし，口も大きく開くね」と伝えてあげると，子供もイメージがわきやすく，発音がしやすくなります。

小学校中学年くらいになると，この /a/ の音を出すことが難しくなってくるようです。音が違うと感じたら，子供たちに頬に手を当てさせて声を出すときに頬が動くかどうか確認させてみるのも正しい音を発音するコツになります。

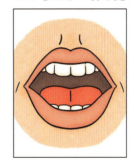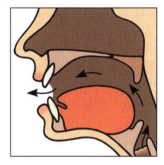

## イギリスの文化

【ピクニック：picnic】

ピクニックはイギリスではとてもポピュラーなレジャーの1つです。夏に近くの公園や林の中を歩いていると，あちこちでピクニックシートを広げて，サンドイッチを食べたり，寝転がったりしている光景を見かけます。このイラストをよく見ると，アニー（女の子）の近くにジャムの瓶とジャムを塗るナイフがあります。イギリスのピクニックのお弁当は，家で作っていくものばかりではなく，このように材料を持って行ってその場で作って食べるものも多いのです。また，男の子がリンゴをそのままかじっていますね。これもイギリスでは一般的。日本のようにフルーツを切って詰めてお弁当に持っていくことはあまりありません。余談ですが，小学校に通う子供たちのお弁当を見ても，リンゴやオレンジが丸ごと1個のままお弁当に入っていることも多いです。

# T t

第1グループ

- Tom トム
- cat ネコ
- tent テント
- racket ラケット
- Tamiko 民子
- tree 木
- toad ヒキガエル
- tortoise リクガメ
- tennis ball テニスボール
- teddy bear クマのぬいぐるみ
- top コマ

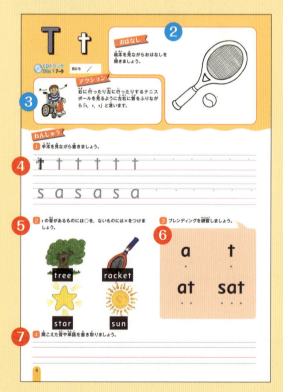

　今朝，トム(Tom)と民子(Tamiko)はテレビでテニス(tennis)の試合を見ていました。選手たちはとても上手で，ボールを何度も打ち合っていました。テニスボールがラケット(racket)に当たると「t, t, t」という音がして，そのたびに試合を見ている人たちはテニスボールを追いながら首を左右に振っていました。

　お昼ご飯を食べたトムと民子は外で先程見たテニス選手になったつもりでテニスをします。お互いにボールを「t, t, t」と打ち合うと，それを見ていた動物たちもボールを追いながら「t, t, t」と音が鳴るたびに頭を左右に振っています。

## 1 音の復習

s, a

## 2 おはなし

## 3 アクション

「テニスボールがラケットに当たるとどんな音がしましたか」と聞いて，右に行ったり左に行ったりするテニスボールを見るように左右に首を振りながら「t, t, t」と言います。

## 4 文字指導

縦の線から始め，横棒は後に書きます。

## 5 音の聞き取り

tree（木），racket（ラケット），star（星），sun（太陽）

　s, a と同様，まずは /t/ という音が独立している単語から音の聞き取りを行います。絵本に描かれている tent は，最初と最後に2つの /t/ の音がある単語です。

## 6 ブレンディング

2音：at（〜〈場所〉で，〜〈時刻〉に）
3音：sat（座った）

## 7 ディクテーション

1. t, 2. at（〜〈場所〉で，〜〈時刻〉に），
3. sat（座った）

## 8 歌

歌に合わせてアクションをします。（→ p.119）

## 発音の注意点

　t は舌を上前歯の後ろの歯ぐきに当てます（前歯には当たりません）。そして，息を素早く口の中から舌と上顎の間を通らせて出します。このとき，舌が上顎を弾くような音です。これも無声音なので，喉が震えません。もし喉が震えているようなら，ツ，またはトゥというように母音がくっついていることが考えられます。

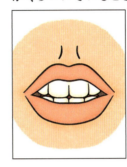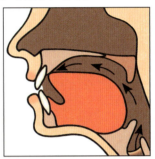
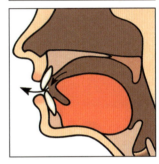

## イギリスの文化

【テニス：tennis】
　イギリスでは日本以上にテニスが人気です。ウィンブルドン（Wimbledon）と呼ばれる場所で開催されるテニス大会もあり，子供たちが通うテニススクールも多くあります。

【テント：tent】
　多くの日本人の子供たちは，このイラストを見るとキャンプ場と言います。テントがあるからです。しかし，イギリスでは夏もそれほど暑くないので，夏休みになるとテントを庭に出して，そのなかで遊んだり，夜寝たりすることがあるのです。

【テディベア：teddy bear】
　右下のクマのぬいぐるみ（teddy bear）は捨ててあるように見えますが，実はこの子供のお気に入りのぬいぐるみです。イギリスでは赤ちゃんが生まれるとクマのぬいぐるみをプレゼントする風習があります。それをいつも持ち歩き，一緒に遊んだり寝たりします。古いものをずっと大切にする文化ですので，このぬいぐるみを結婚しても持っていくこともあるそうです。

# I i

第1グループ

- ink インク
- spill こぼす，まき散らす
- drink 飲み物
- scissors ハサミ（常に複数形）
- picture 絵，写真
- hill 丘
- Inky インキー（このネズミの名前）
- paper clip クリップ
- caterpillar イモムシ，毛虫

　ザック（Zak）は真っ白なネズミを飼っています。ある日のこと，ザックはネズミのケージの扉を閉め忘れてしまいました。ケージから逃げ出したネズミは，部屋の反対側にネズミ穴を見つけました。そこに向かって走ろうとした瞬間，猫が自分を見ているのに気付き，慌ててガシャン！！ インク（ink）の瓶にぶつかってしまいました。真っ黒なインクが机の上やネズミの体にかかってしまいました。

　ネズミはなんとか小さなネズミ穴に逃げ込みました。でも自分の体を見て，「えーん，えーん」と泣き出してしまいました。そして，「い，い，い…いやだな…i, i, i」と泣きじゃくりながら，何度も「i, i, i」と言いました。何度体をなめても黒いインクは取れず，ネズミ色になってしまったネズミは，あきらめて自分のことを「インクでよごれたネズミだから，これから私はInky Mouse（インキーマウス）という名前にしよう」と決めました。

## 1 音の復習

s, a, t

## 2 おはなし

## 3 アクション

「ネズミはどんな声で泣いていましたか」と聞いて、ネズミになったつもりで両手で鼻先から外に向かってひげを引っ張るようにしながら、「i, i, i」と言います。

## 4 文字指導

tと同じように縦の線を上から書き始め、点は後で書きます。

## 5 音の聞き取り

insects（虫）, arrow（矢）, fish（魚）, six（六）

/i/ は母音です。/a/ と同様、単語の初めに /i/ があるときは /i/ の音を聞き取れますが、fish や six のように子音の次に /i/ がくる場合は聞き取ることが難しくなります。その場合は、/i/ を強調して発音したり、指を使ったりしながら、/i/ を聞き取ることができるようにします。

## 6 ブレンディング

2音：it（それ）
3音：sit（座る）

前回から始まったブレンディングです。慣れるまでに時間がかかるので、ゆっくりと練習をしていきます。

## 7 ディクテーション

1. i, 2. it（それ）, 3. sit（座る）

## 8 歌

歌に合わせてアクションをします。（→ p.119）

## 発音の注意点

　日本語の「い」は口をしっかりと横にひらいて発音します。しかし、英語の /i/ は前歯を噛みしめず、軽く開けます。そして、口角を耳の方に引っ張るようにして /i/ と発音します。インキーがはじめ「えーん」と泣きじゃくるこの「え」の口から、アクションでネズミの髭を動かすときに、顔の中心から外に向かって引っ張るようにして /i/ と言うと、口も自然に開いて、/i/ の音が出ます。

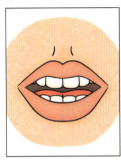 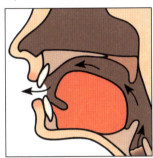

## イギリスの文化

【ペット：pets】
　このお話にはネズミがペットとして登場します。イギリスではネズミをペットにする人がいます。ネズミと言ってもハツカネズミより少し大きめのネズミが多いようです。
　とは言っても、いちばん人気のペットは犬。そして、猫、金魚、ウサギ、ニワトリ、鳥、モルモット、ハムスターと続きます。イギリスならではのペットとしては、馬やポニーがあげられます。さすがに家の中では飼えないので、うまやで面倒を見てもらうか、パドックと呼ばれる小牧場で飼うようです。ペットショップへ行くと、馬用の餌なども置いてあります。
　イギリスでは、ハムスターやウサギ、金魚などはペットショップでも購入できますが、ペットショップでの犬や猫の販売は禁じられています。ちなみに、金魚が死んだ場合、日本では庭に埋めて供養しますが、イギリスなど外国ではトイレに捨てて流してしまいます。

【ネズミの鳴き声：the squeak of a mouse】
　ネズミの鳴き声は日本では「チューチュー」ですが、英語圏では「eek, eek」と表現されます。このiの文字の音 /i/ は、本書の原書では Inky Mouse の鳴き声として使われています。しかし、日本の子供たちには「ネズミがイ、イと鳴いた」といってもピンとこないため、日本語では「インクをかぶってしまい、それが嫌で泣いてしまった」というお話にしてあります。

# P p

第1グループ

- drip ポタポタ落ちる
- party hat パーティーハット
- plate 皿
- pop ポンと弾ける，飛び出る
- present プレゼント
- cupcake カップケーキ
- popcorn ポップコーン
- spin 回転する，くるくる回る

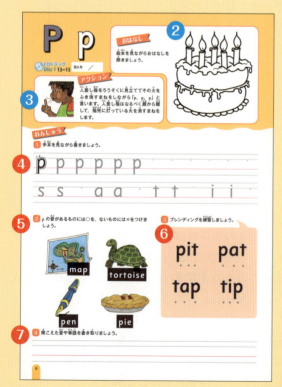

今日はポール（Paul）の誕生日です。ポールは自分のお誕生日会にピンク（pink）色の大きなケーキが食べたいとお母さんにお願いしていました。

誕生日会の始まりです。友達がプレゼント（present）を持ってお祝いにきてくれました。ポップコーン（popcorn）を食べたり，パーティーハット（party hat）をかぶったり，ゲームで遊んだりして楽しんでいるところへ，お母さんがケーキを持ってきてくれました。

ポールは♪ Happy Birthday to You ♪の歌を歌ってもらい，大きく息を吸い込んで思い切りろうそくの火を消します。p！でも，あれ？ろうそくの火は消えません！ 実は，お母さんがいたずらをして，なかなか火が消えないろうそくにしたのです。ポールは何度も何度も p, p, p と息を吹きかけ火を消そうとしますが，そのたびにまた火が灯ってしまいます。「ねぇ，みんなも手伝って！」とポールが言うので，みんなも一緒に火を消します。p！

## 1 音の復習

s, a, t, i

## 2 おはなし

## 3 アクション

「どうやって火を消しましたか」と聞いて，人差し指をろうそくに見立ててその火を吹き消す真似をしながら「p, p, p」と言います。人差し指はなるべく顔から離して，指先に灯っている火を消す真似をします。

## 4 文字指導

縦棒を書いてから，始点に鉛筆を持ってきて時計回りに丸く書きます。この文字は，今までと違って，基線より下に棒が伸びることを注意して教えます。

## 5 音の聞き取り

map（地図），tortoise（リクガメ），pen（ペン），pie（パイ）

/p/ という音を出すときに /pu/ という音や /pa/ という音にならないように気を付けます（詳しくは「発音の注意点」参照）。

## 6 ブレンディング

3音：pit（砂場など地面からくぼんだところ），pat（トントンと軽く叩く），tap（蛇口），tip（先）

## 7 ディクテーション

1. p, 2. pat（トントンと軽く叩く），3. sip（ちびちび飲む）

3文字の単語を書かせることが難しい子供に対しては1文字，または2文字が書けることを目標にしたり，文字カードから選ぶことができることを目標にしたりして支援を行っていきます。

## 8 歌

歌に合わせてアクションをします。（→ p.119）

## 発音の注意点

/p/ は無声音で，口先を軽く閉じて一気に破裂させて出す音です。口が大きく開いた「パ」という音にならないように注意しましょう。鏡を見て唇が小さくつぼまった形になっているかを確認してください。

日本語を母国語とする人には無声音という感覚が難しく，母音がくっついた「プ」（/pu/）の音になってしまいがちです。喉に手のひらを当ててみましょう。/p/ と言ったときに喉が震えているようなら有声音で，母音がくっついてしまっています。/p/ の音を出すときには，喉が震えないようにしましょう。

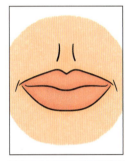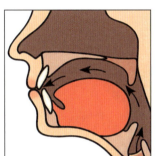
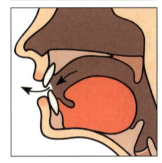

## イギリスの文化

**【誕生日会 1：birthday party1】**

日本とは雰囲気が違うイギリスの誕生日会。子供たちの頭を見ると，party hat と呼ばれる紙の帽子が見えます。風船も誕生日会に必須のものです。玄関の扉にくっつけておき，今日が誕生日だということがみんなにわかるようにすることもあります。

このイラストで目に付くのが大きなケーキ（原書では2012年版まではブタの形をしたケーキでしたが，中近東などブタが御法度の国もあるため，現在は丸いケーキになっています）。誕生日会では，アイシングで固められた大きなスポンジケーキを用意しますが，その場では食べず，お家に持って帰って，家の人と分け合って食べます。「うれしいことはみんなで共有してどんどんお祝いしてね」という意味です。

# N n

第1グループ

- plane 飛行機
- noise 騒音, 雑音
- robin コマドリ
- net 網
- fishing line 釣り糸
- pond 池
- grandfather おじいさん
- hand 手
- snake ヘビ

　ニコラ (Nicola) はおじいちゃんと一緒に魚釣りに行きたかったのですが、「ニコラはうるさくするからダメ」と言われて、なかなか連れて行ってもらえませんでした。

　ある日、とうとう「一緒に行ってもいい」とおじいちゃんが言ってくれて、大喜びのニコラ。でも、実際に魚釣りに行ってみると、静かにしていないといけなくて退屈。

　すると突然、空から n~~~~ n~~~~ と大きな音がします！何かと空を見ると、小型飛行機 (plane) が旋回しています。おじいちゃんは「うるさい (noisy)！ ひどい (nasty) 音だ！」と耳をふさいでしまいました。ニコラは「おじいちゃん、うるさいのは私じゃなくて飛行機だね！」と言って、n~~~~ と言いながら飛行機の真似をしました。

44

## 1 音の復習

s, a, t, i, p

## 2 おはなし

## 3 アクション

「ニコラはなんと言いながら飛行機の真似をしましたか」と聞いて，両手を横に伸ばして飛行機の真似をしながら「n～～～」と言います。

## 4 文字指導

左上から縦棒を書いてから，そのままその棒をなぞりながら上に行き，右にカーブさせて下に降ります。左下から書き出す子供も少なくないので，気を付けて指導します。

## 5 音の聞き取り

pen（ペン），neck（首），
hand（手），lamp（ランプ）

nという音を出すときは，唇を閉じないで舌を前歯の後ろに当てるようにして発音します。口元をしっかりと見せて，lampの /m/ と区別しましょう。

## 6 ブレンディング

2音：in（～の中に）
3音：nap（昼寝），pan（フライパン，鍋），
　　 ant（アリ）

## 7 ディクテーション

1. n, 2. an（不定冠詞），3. pan（鍋），
4. nip（つねる）

子供に応じてディクテーションの単語を変えて，支援をします。3文字単語を書くことが難しい子供には，2文字の in, an を書かせます。3文字以上できる子供には spin, pant を書くように促します。

## 8 歌

歌に合わせてアクションをします。（→ p.119）

## 発音の注意点

ローマ字では通常「ン」を n と書きますが，実は，「ン」= /n/ ではありません。日本語には「ン」という音が6種類ほどあるからです。

「ペンギンの看板（ぺんぎんのかんばん）」という言葉の中にある4つの「ん」は全て音が違います。まず，この4つの「ん」を発音するときに唇が開いているか閉じているか見てみると，閉じているのは3番目の「ん」のみです。これが英語では /m/ の音です（p.55 参照）。

次に，唇が開いている残りの「ん」ですが，舌の位置を確認して，音の違いを見てみます。

- 1番目の「ん」：舌で上顎の奥の方をふさいで出す /ng/ の音（p.85 参照）。
- 2番目の「ん」：舌先を上顎の前の方に触れて出す /n/ の音。
- 4番目の「ん」：舌は口の下の方に位置し，日本人が「ん」の音と言われると発音する音。英語にはない音です。

ここで習う /n/ は，舌を上の前歯の根元に当てて出す音で，n～～～ と伸ばすときには，決して舌を前歯の根元から離しません。日本人は pen, Japan など最後が n で終わるときに，上記4番目の「ん」で発音してしまい，通じないことがありますので，舌の位置を確認して /n/ の音を出すようにしましょう。

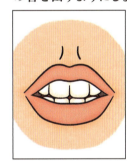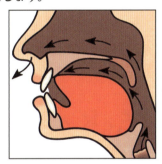

## イギリスの文化

**【魚釣り：fishing】**

魚釣りと言えば，イギリスでは人気トップ10に入るほどの，イギリス人がよくする参加型スポーツなのです。魚釣りが「スポーツ」ということ自体，驚きますが，確かに，池や湖で魚釣りをする人をよく見かけます。

では，残りトップ10のスポーツは何があるでしょうか。ウォーキング，サイクリング，水泳，サッカー，ゴルフ，ランニング，スカッシュ，テニス，ウェイトトレーニングだそうです。日本の人気トップ10と比較してみてはいかがでしょうか。

# C c K k

第2グループ

- cloud 雲
- castle 城
- cliff 崖
- castanets カスタネット
- café カフェ, テラス付きのレストラン
- clock 時計
- donkey ロバ
- car 車
- click カチッと鳴らす
- kitten 子猫
- cat 猫

　カーン (Khan) 家は夏休みにスペインへ車 (car) で家族旅行に行きました。丘の上に立っているお城 (castle) を見に行った帰りに，おなかがすいたので丘のふもとにあるカフェ (café) で食事をすることにしました。天気もいいので，外で食事をしていると，突然，中庭にきれいなドレスを着た女の人が出てきました。フラメンコダンサーです。

　きれいなドレスを着て，カスタネット (castanets) を「ck, ck, ck」と鳴らしながら音楽に合わせて踊るダンサーはとても素敵で，「ck, ck, ck」の音に合わせて猫 (cat) たちまでうっとり見とれています。子供たちも「ck, ck, ck」とカスタネットを鳴らすまねをしながら一緒に踊ります。

※ /c/ と /k/ は同じ音です。同じ音の文字が2つ続くときは1度だけ読みますので，/c/ と /k/ と /ck/ は同じ読み方になります。この ck は2つの文字で新しい1音をつくるダイグラフとは異なります。

## 1 音の復習

s, a, t, i, p, n

## 2 おはなし

## 3 アクション

「フラメンコダンサーになったつもりでカスタネットを鳴らしてみよう！」と促し，両手を上にあげてカスタネットをそれぞれの手で覆ってカチャカチャ鳴らすように「ck, ck, ck」と言います。

## 4 文字指導

/ck/ の音の文字には，c, k, ck の3通りあります。c は右上から反時計回りにくるっと丸く書きます（いもむしの c）。この文字は a, d, g, o, q の文字の基本となるので丁寧に指導します。

k は上からまっすぐ下へ，さらに右上からひらがなの「く」のように右下へ。特に k の縦棒は他の文字よりも背が高いことを指導しましょう。

## 5 音の聞き取り

chick（ヒヨコ），parrot（オウム），
kite（凧），cat（ネコ）

cat や camel などの「ca」は日本語では「キャ」という1音として聞き取りがちですが，英語では2音素になります。できるだけゆっくりと明確に /c/ /a/ と発音することで，子供たちにも聞き取りやすくすることができます。

## 6 ブレンディング

3音：cat（ネコ），ask（尋ねる），
　　 cap（帽子），kick（蹴る）

## 7 ディクテーション

1. can（缶），2. pick（選ぶ，摘み取る），
3. kit（道具などの1セット），
4. skip（スキップする）

## 8 歌

歌に合わせてアクションをします。（→ p.119）

## 発音の注意点

/ck/ の音は，口の奥の方から弾けるような感じで出す音です。決して「ク」という母音を伴った音ではなく，/ck/ と発音した後に /ck~~~~/ と音を伸ばすことはできません。この音も /s/ などと同様に，喉が震えない無声音なので，喉に手を当てて確認するとよいでしょう。

/c/, /k/, /ck/ のすべてが同じ発音ですが，つづり方にはおおよそ次のようなルールがあります。

- この音の次に /a/, /u/, /o/ が来るときは c
　→ cat, cut, cot など
- この音の次に /i/, /e/ が来るときは k
　→ kit, key など
- この音の直前が短母音ならば ck
　→ pack, tuck, rocket など

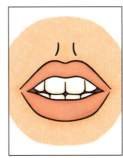 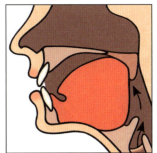

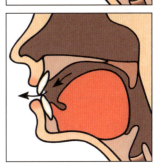

## イギリスの文化

【ホリデー：holiday（米では vacation）】

イギリスの学校の夏休みは日本とほぼ同じで6週間あります。社会人はたいてい年間で4週間程度好きな時期にまとめて休みをとることができます。そこで多くの人は子供たちの夏休みに合わせて休みを取り，1～2週間の長期旅行に出かけます。イギリス国内でキャンプする人，車でフランスやスペインへ行く人，飛行機で海外に行く人などさまざまです。また，日本人の旅行スタイルと大きく違う点は，1か所に長期間滞在することや，何度も同じ場所を訪れることです。休み中はしっかりと休息するようで，浜辺などでのんびり読書する人も多く見かけます。

# E e

第2グループ

shelf 棚　　egg 卵　　entrance 入り口，玄関　　shed 納屋　　hedge 生け垣　　well 井戸

shell 殻　　kettle やかん　　hen メンドリ　　elephant ゾウ

栄太郎君は夏休みにイギリスへ農場体験に行きました。農場のエリー（Ellie）おばさんに牛や鶏，アヒルの世話のしかたを教えてもらいます。栄太郎君の仕事は，毎朝メンドリ（hen）が産んだ卵（egg）をかごに取ってくることです。エリーおばさんは，毎朝その卵を使って朝食を作ってくれます。

今朝は目玉焼き！ そういえば，卵って英語で何ていうんだろう？ するとエリーおばさんが「e, e, egg!」と教えてくれました。卵を割りながら「e, e, e」と言えば，忘れないね。大きな声で「e!」。

※おはなしは日本語版にアレンジしてあります。

## 1 音の復習

s, a, t, i, p, n, c/k/ck

## 2 おはなし

## 3 アクション

「e, e, eと言いながら卵を割ってみよう！」と促し，卵を割る仕草をしながら「e, e, e」と言います。

## 4 文字指導

eの音の文字は真ん中左側から渦を巻くように反時計回りに書きます。

書き始めのポイントは上からではなく，文字の真ん中の部分からなので，この点には特に注意するように指導しましょう。

## 5 音の聞き取り

egg（卵），ant（アリ），
nest（巣），hen（メンドリ）

## 6 ブレンディング

3音：ten（10），pet（ペット），neck（首）
4音：tent（テント）

## 7 ディクテーション

1. set（セット），2. net（網），3. pen（ペン），
4. step（一歩，段）

## 8 歌

歌に合わせてアクションをします。（→ p.119）

## 発音の注意点

/e/ の音は，日本語の「え」の出し方ととても似ています。日本語の「え」の音を出すときに，少し意識して口角を横に引っ張ってみる感じで発音します。

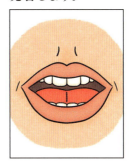 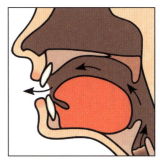

## イギリスの文化

【朝食：breakfast】

イギリスの朝食として知られているのが「イングリッシュ・ブレックファースト」。卵焼き，マッシュルーム，焼きトマト，バックベーコン，ベーコンを焼いた油で焼き揚げたパン，ベイクドビーンズが定番です。紅茶とフルーツジュース，ヨーグルトなどが添えられることもあります。

しかし，平日の朝はこんなに準備できないので，コーンフレークなどのシリアル，オレンジなどのフルーツジュース，紅茶などの飲み物というセットが定番となっています。ではここで卵料理の名前をいくつか挙げてみます。

- 卵焼き：omelette（米語では omelet）
- 目玉焼き：fried egg（片面焼きは sunny-side up eggs，両面焼きは eggs over）
- ゆで卵：boiled eggs
- スクランブルエッグ：scrambled eggs
- ポーチドエッグ：poached eggs

生卵を食べる習慣はないので，「卵かけご飯」はありません。ちなみに，鶏が「卵を産む」は lay eggs といいます。

【農場の動物：farm animals】

イラストのように，農場にはさまざまな動物がいます。ここでは動物とその子供たちの呼び方を紹介します。

- cat（猫） − kitten（子猫）
- dog（犬） − puppy（子犬）
- rabbit（ウサギ） − kitten（子ウサギ）
- cow（ウシ） − calf（子ウシ）
- horse（ウマ） − foal（子ウマ）
- sheep（ヒツジ） − lamb（子ヒツジ）

# H h

第2グループ

- hill 小山, 丘
- hair 髪の毛
- hat （縁のついた）帽子
- hand 手
- hot 暑い, 熱い
- help 手伝う
- huff 激しく呼吸する
- hop ぴょんととぶ, 跳ねる
- hedgehog ハリネズミ, ヤマアラシ
- hide 隠れる

　今日は運動会。天気も良く, 暑い（hot）1日になりそうです。
　ヘレン（Helen）, ハリー（Harry）, ハニフ（Hanif）, そしてハリエット（Harriet）が楽しみにしているレースのひとつに「片足跳び競走（hopping race）」があります。片足だけでゴールまでぴょんぴょん跳んでいく（hop）のは思ったよりも大変です。みんな汗びっしょりになりながら, ゴールを目指してぴょんぴょん跳ねていきます。ゴールした子供たちは, みんな「h, h, h」と息が上がっているようすです。次から次へとみんながゴール！ すると「h, h, h」とあちこちから声が聞こえてきます。ホプキンズ先生（Ms. Hopkins）がジュースをたっぷり（huge）配ってくれます。

## 1 音の復習

s, a, t, i, p, n, c/k/ck, e

## 2 おはなし

## 3 アクション

「走ったら疲れちゃって，息が上がっちゃうね。h, h, h」と語りかけ，走り終わった直後の息遣いを感じられるように手のひらを口の前にかざして「h, h, h」と言います。

## 4 文字指導

nと同様に，左上から縦棒を書いてから，そのままその棒をなぞりながら上に戻り，右にカーブさせて下に降ります。縦棒はkと同様に他の文字よりも背が高いことを指導しましょう。

## 5 音の聞き取り

kite（凧），hen（メンドリ），horse（馬），hand（手）

## 6 ブレンディング

3音：hat（帽子），hit（打つ），hen（メンドリ），hiss（〈ヘビや人や蒸気などが〉シッ，シーという）

/h/のブレンディングは/p/同様日本人の子供には難しいです。/h/と息を吐くような感じで，次にくる母音を強く発音すると上手に音がつながります。なお，hissのように同じ音が2つあるときは，1回読めばよいということを伝えます。

## 7 ディクテーション

1. hat（帽子），2. hen（メンドリ），
3. hip（腰），4. hint（ヒント）

## 8 歌

歌に合わせてアクションをします。（→ p.120）

## 発音の注意点

走った後に「はぁはぁ」と息が上がりますが，/h/の音はまさにそのときに発する呼吸の音です。手を口の前にかざして，その手にしっかりと息が当たっているか確かめてみましょう。口の形も走った後のように自然に開けているようにするときれいな/h/の音が出ます。

/h/の音は/s/などと同じように無声音です。発音するときには喉に手を当てて，喉が震えていないことを確認しましょう。

それでも音が出にくい場合，口を軽く自然に開いた状態で，おなかの真ん中に両手を当て，その手でおなかをふっと押したときに出る息の音を感じさせてあげると良いでしょう。

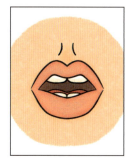 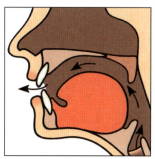

## イギリスの文化

### 【運動会：Sports Day】

多くのイギリスの学校では，6月から7月にかけてSports Day（運動会）が行われます。日本の運動会のように盛大なものでなく，学年ごと，または2学年ごとにまとめて，多くは平日に2〜3時間かけて行われます。入退場もなく，学年そろっての体操や踊りなどを披露するようなこともありません。日本の運動会を想像すると拍子抜けしてしまうくらいシンプルです。

練習にもあまり時間をかけず，運動会直前の体育の授業で競技練習を行う程度です。

運動会当日も，とても和やかなリラックスした雰囲気で競技が行われていきます。小学校低学年〜中学年ではrace（かけっこ），egg and spoon race（卵をスプーンで運ぶ競走），sack race（袋の中に入ってぴょんぴょんとジャンプしながらする競走）などが行われ，中学年〜高学年になるとrelay（リレー）も登場します。

保護者も参観可能ですが，日本のようにお弁当を一緒に食べることはないので，適当な時間に来て，帰る人も多くいます。

# R r

第2グループ

- curtain rail カーテンレール
- rose バラ
- rain 雨
- robin コマドリ
- rhino サイ
- bedroom 寝室, 部屋
- roller skate ローラースケート
- rabbit ウサギ
- rat （大型の）ネズミ
- rocking horse （子供用の）木馬
- racket ラケット

ロバート（Robert）は小さい頃からずっと子犬がほしくてほしくてたまりませんでした。自分のことがきちんとできるようになったのを見て、お父さんとお母さんは、ある日子犬を探してきてくれました。早速、自分の部屋（room）に連れて行ったロバートは、いろんなおもちゃを見せて子犬と遊ぼうとします。でもローラースケート（roller skate）にもウサギ（rabbit）にも目もくれません。

子犬が興味を持ったのはロバートのベッドの上にあったブランケット！ 子犬は口にくわえて、ぶるんぶるんブランケットを振ります。「それ、僕の大切なブランケット！ 返して！」とロバートがブランケットを引っ張ると、子犬は取られないように「r～～～」と唸りながらブランケットを引っ張ります。またロバートが引っ張ると、子犬も負けじと頭を振りながら「r～～～」と唸ります。ビリ（rip）！ とうとう、ロバートのブランケットが破れてしまいました。「ブランケットがぼろぼろ（rag）になっちゃった。そうだ！ この犬をRagsという名前にしよう」

### 1 音の復習
s, a, t, i, p, n, c/k/ck, e, h

### 2 おはなし

### 3 アクション
「子犬になったつもりで，思いっきり布を引っ張ってみよう」と言いながら，犬が布を引っ張り合いっこするように，左右に頭を振りながら「r～～～」と言います。

### 4 文字指導
左上から真下に降りてきて，再び上に戻った後に，少しだけ右にはみ出します。右のカーブの後，下までおろしてしまうとnになってしまうことを説明し，その違いを指導します。

### 5 音の聞き取り
rabbit（ウサギ），rocket（ロケット），egg（卵），dress（ワンピースの服）

### 6 ブレンディング
3音：rat（ネズミ），ran（runの過去形），rip（引き裂く）
4音：rest（休息）

/r/のあとに母音を伴った音ばかりなので，日本語の「らりるれろ」の音になってしまわないよう，丁寧に/r/の音を出すよう指導してください。

### 7 ディクテーション
1. rat（ネズミ），2. rip（引き裂く），
3. rap（ラップ音楽），4. rent（貸す，借りる）

### 8 歌
歌に合わせてアクションをします。（→ p.120）

## 発音の注意点

日本人が苦手な/r/の音。この音は単独の音ならば意外と簡単に出せるようになります。

まず，犬になって引っ張り合いをするつもりでタオルやハンカチをくわえて，自分でそのタオルを引っ張ってみてください。そのときに，頭を左右に振りながら唸ります。どうですか？ /r～～～/という音が出ますね。

タオルをくわえると，舌はタオルを避けるように後ろの方に引っ込む感じになります。その状態で舌先はどこにも触らず，舌の横の部分は上の奥歯に軽く触れる位置にくるので，自然と/r/が発音できるようになります。

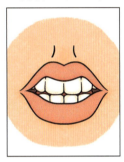 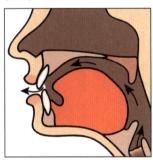

## イギリスの文化

**【子供部屋：children's room】**
男の子と子犬が遊んでいるのは，この男の子の部屋。ベッドがあって，おもちゃがたくさんあるのですが，何かが足りません…。そう，勉強机がないのです。

日本では小学校に入学すると自分の部屋に勉強机を置いてもらい，その机で勉強するようになります。教科書なども机の上の棚に並べます。

しかし，イギリスでは子供たちの部屋には普通は勉強机がありません。子供たちはキッチンやダイニングにあるご飯を食べるテーブルや，リビングの机などで勉強します。ベッドに寝転んで勉強する子供もいます。

実は，イギリスの多くの小学校には教科書がありません。そのため，教科書をしまっておくための棚もいらないのです。自分の部屋に机を置く必要がないのはそんな理由からかもしれません。でも普段の宿題は意外とたくさんあります。小学生のうちでは工作の宿題やインターネットを使った調べ学習，そして英語のつづりの宿題があります。

# M m

第2グループ

- mug マグカップ
- meatball ミートボール
- mirror 鏡
- lamb ラム、仔羊
- hamburger ハンバーガー
- mmm おいしそう、おいしい
- milk 牛乳
- tummy おなか
- imagine 想像する、思い浮かべる

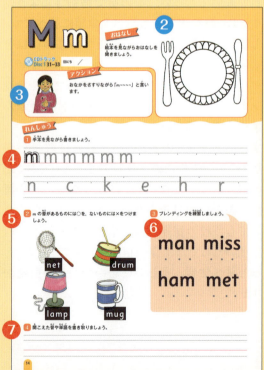

今日、マービン（Marvin）はお友達のミリー（Milly）とモリー（Molly）を夕食に招待しました。外で遊んだり、ゲームをしたりして、楽しい時間を過ごしています。しばらくするとおなかがすいてきました。

手を洗ってテーブルにつくと、キッチンからとてもいいにおい。「m~~~~」と、思わず声が漏れてしまいます。「ミートボール（meatball）スパゲッティかな？」「私、ホットドッグだと思う！」「ハンバーガー（hamburger）がいいなあ」… なんて話をしていると、よけいにおなかがすいてきて「m~~~~」とまたまた声が漏れてしまいます。おなかはもうぺこぺこです。

おなかをさすりながら「m~~~~。ご飯は何だろう」と話をしていたら…。お母さん（Mrs. Morris）がおいしそうなローストラム（lamb）を持ってきてくれました。「ローストラムがいちばん好き！ m~~~~。おいしそう！」

54

## 1 音の復習

s, a, t, i, p, n, c/k/ck, e, h, r

## 2 おはなし

## 3 アクション

「いいにおいがしてきたね。おなかがすいちゃったね」と言って，おなかをさすりながら「m~~~~」と言います。

## 4 文字指導

左上から書き始めます。nを書いた後に，そのまま再び線を登って2つめのnを書きます。

## 5 音の聞き取り

net（網），drum（ドラム），
lamp（ランプ），mug（マグカップ）

## 6 ブレンディング

3音：man（男，人間），miss（逃す）
　　　ham（ハム），met（meetの過去形）

最初は大げさなくらい口を閉じてから発音していくように指導します。

## 7 ディクテーション

1. am（be動詞の一人称単数現在形），
2. map（地図），3. men（manの複数形），
4. mist（霧）

## 8 歌

歌に合わせてアクションをします。（→ p.120）

## 発音の注意点

/n/のページに詳しく書きましたが，この /m/ も実は日本人にとって区別しにくい音の1つです。/m/ は /n/ や /ng/ と違って，唇をくっつけたまま発音します。

既習の文字の音の中では /n/ と /m/ のどちらも日本語では「ン」の音になるので，日本語を母語とする子供にとってはこの音の違いはなかなかわかりません。そのため，まずは口元をしっかりと見せながら「唇が閉じている /m/ の音」と「舌先が前歯の根元にある /n/ の音」の違いに慣れさせていくように指導しましょう。

 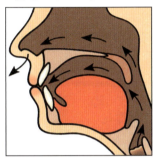

## イギリスの文化

【食事：dinner/lunch】

ホットドッグやハンバーガー，それからミートボールスパゲッティは子供に人気のメニューです。これ以外にも，スパゲッティボロネーゼ（ミートソース），フィッシュフィンガーズ（一口大に切った魚のフライ），ピザなどが人気です。

このお話でお母さんが持ってきた料理は骨付きのラム（仔羊）のローストと，付け合わせとしてゆでたグリーンピースとニンジンです。イギリスでは日曜日は「Sunday Roast（サンデーロースト）」と言って，大きなお肉のかたまり（ビーフ，ポーク，チキン，ラムなど）をオーブンで焼いて，テーブルで切り分け，付け合わせのゆで野菜やポテトと一緒に食べるのが習わしです。他にも，大きなハムのかたまりをゆでてスライスしたものにパセリ入りのホワイトソースをかけたものも人気のメニューです。イギリスの家庭料理は，実はおいしいものが多いのです。日本ではご飯，汁物，メインなど何品も食卓に並びますが，イギリスでは一枚のお皿にすべてのものを載せて，ナイフとフォークを使って食べます。

なお，dinner というと日本では夕食のイメージが強いですが，本来は「しっかりした食事」を意味するため昼食を指すこともあり，学校給食を school dinner と言うこともあります。

# D d

第2グループ

- dinosaur 恐竜
- desk 机
- daffodil ラッパスイセン
- donkey ロバ
- darts ダーツ
- domino ドミノ
- drum 太鼓，ドラム
- digger 油圧ショベル
- teddy bear ぬいぐるみのクマ
- dog 犬

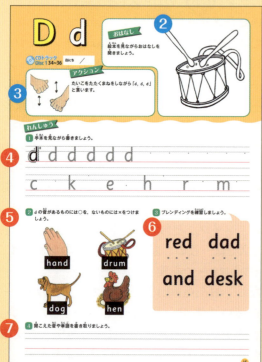

春になって大掃除をする季節になりました。ダン（Dan）もお父さん（Daddy）とお母さんに自分の部屋を掃除するように言われ，おもちゃが入っている戸棚から整理し始めました。ロバ（donkey）のおもちゃやドミノ（domino）…たくさんおもちゃが出てきます。

「あ！ 僕がもっと小さいときによく遊んだ太鼓（drum）！」。ダンは太鼓を取り出して，早速叩きはじめます。d, d, d。すると，下から「何の音？ ちゃんと掃除しているのか？」とお父さんが聞いてきます。ダンは大慌てで，またおもちゃの整頓を始めるのですが，ついつい太鼓に手が伸びてしまいます。d, d, d。

## 1 音の復習

s, a, t, i, p, n, c/k/ck, e, h, r, m

## 2 おはなし

## 3 アクション

「みんなも一緒に太鼓を叩いてみよう」と言って，太鼓を叩く真似をしながら「d, d, d」と言います。

## 4 文字指導

まずcを書きます。その次にその右側の縦線を，上から下に書きます。縦線はkやhと同じように，長く書くことを指導します。

## 5 音の聞き取り

hand（手），drum（ドラム），dog（犬），hen（メンドリ）

## 6 ブレンディング

3音：red（赤），dad（お父さん），and（そして）
4音：desk（机）

## 7 ディクテーション

1.＊dig（掘る），2. sad（悲しい），3. end（終わり），4. hand（手）

＊gの音は次のページで学習します。digの代わりにdip（液体などにちょっと浸す）で行うのもよいでしょう。

## 8 歌

歌に合わせてアクションをします。（→ p.120）

### 発音の注意点

/d/ は /t/ の親戚の音です。/t/ が無声音（喉が震えない音）であるのに対して，/d/ は有声音（喉が震える音）です。どちらも口の形や舌の位置などは同じです。/t/ と同じように，舌を上前歯の後ろに当て，息を素早く口の中から舌と上顎の間を通らせて出します。

/d/ の音は有声音ですが，末尾に母音のくっついた「ダ」や「ド」などの音にならないように注意しましょう。/d/ は短い破裂音なので，伸ばすことができません。伸ばすことができたら，それは母音がくっついてしまっている証拠です。

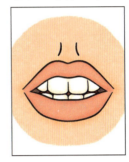
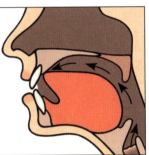
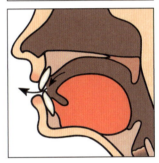

### イギリスの文化

**【春の大掃除：Spring Cleaning】**

日本では大掃除といえば年末ですが，今回のお話の季節はいつでしょうか？ ヒントはイラストの中に描かれたスイセンの花。そう，季節は春なのです。

イギリスの冬は午後3時過ぎには暗くなります。また，クリスマスが一番のイベントですので，その直後の年末に大掃除をすることはまずありません。ある程度日も伸び，気候が良く，部屋の窓を全開にして掃除できるようになる春が大掃除の季節で，これを Spring Cleaning と言います。

このイラストに登場する子供は戸棚の中のたくさんのおもちゃで掃除どころではなくなっていましたね。これらのおもちゃの中には，domino（ドミノ），doll（人形），teddy bear（クマのぬいぐるみ）などdの音がつくものがたくさん描かれています。ゲーム感覚で探してみてください。

# G g

第3グループ

- garden 庭
- frog カエル
- gate 門, 入り口
- goat ヤギ
- goose ガチョウ
- grass 草
- glug ゴボゴボと音を立てる
- plughole 排水口
- plug 栓
- rubber glove ゴム手袋
- ground 地面, グラウンド

　ゲイル（Gail）はおばあちゃん（grandmother）の家に遊びに行ったときはいつも庭仕事を手伝います。今日は広い庭で飼っているヤギ（goat）やガチョウ（goose）に餌をあげました。おやつを食べる時間になったので手を洗いに行ったら、排水口がつまってしまい、水が流れません。急いで水道屋さんに電話して、直してもらうことにしました。

　水道屋さんがくると、あっという間に水が流れるようになりました。溜まっていた水が一気に流れていくのを見ているとおもしろい！ g, g, g と音を立てながら（gurgle），水がぐるぐると排水口に向かって流れていきます。g, g, g という音、おもしろいなぁ。

## 1 音の復習

s, a, t, i, p, n, c/k/ck, e, h, r, m, d

## 2 おはなし

## 3 アクション

「水が流れて行くとき，どんな音がしたかな」と言って，流れていく水の様子を手でぐるぐると回しながら「g, g, g」と言います。

## 4 文字指導

　右上から反時計回りに丸を書き，そのまま下に降ろし，最後はサルの尻尾のように丸く書きます。このgの文字は，pと同じように，他の文字よりも下に降ろす文字であることを指導します。

## 5 音の聞き取り

glass（ガラスのコップ），frog（カエル），hen（メンドリ），goat（ヤギ）

## 6 ブレンディング

2音：egg（卵）
3音：gas（気体），get（得る），gap（すき間），dig（掘る，掘り返す），peg（杭，ペグ）

## 7 ディクテーション

1. tag（鬼ごっこ），2. pig（ブタ），
3. gram（グラム），4. grip（しっかりと握ること）

## 8 歌

歌に合わせてアクションをします。（→ p.120）

## 発音の注意点

/d/ が /t/ の親戚の音だったように，この /g/ は /ck/ と親戚の音です。

/ck/ が無声音（喉が震えない音）であるのに対して，/g/ は有声音（喉が震える音）です。どちらも口の形や舌の位置などは同じで，口の奥の方から弾けるような感じで出す音です。その際，音の最初で有声音になりますが，決して「グ」という母音を伴った音ではなく，/g/ と発音した後に /g~~~~/ と音を伸ばすことはできません。

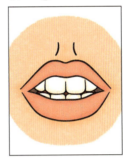
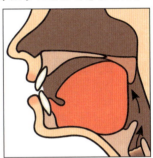
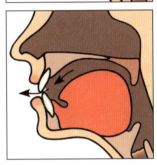

## イギリスの文化

**【庭仕事：gardening】**

　イギリスといえばガーデニング，というイメージを持っている方もかなり多いかと思います。

　冬でも芝生が枯れないため1年中庭が緑だったり，夏でも暑すぎないため花が長い間ずっときれいに咲き誇っていたり。そんなところが，日本と大きく違うところではないでしょうか。ガーデニング専用のお店も多く，1年を通していろいろな植物を見ることができます。最近では家庭菜園もはやっており，子供たちも自分でニンジンや豆などを育てています。

　また，日本と違うのは，イギリスの家には前庭はほとんどなく，裏庭が大きいという点です。夏には庭にイスとパラソルを出して読書したり，昼寝したりしてゆっくり過ごしています。子供たちの遊具が置いてあることもよくあります。しかし最近では庭が小さかったり，時間がかけられなかったりする人も増えてきているようです。

# O o

第3グループ

- fishing rod 釣り竿
- doll 人形
- on 電気がついて
- top 最上部
- box 箱
- dog 犬
- octopus タコ
- hot water bottle 湯たんぽ
- off 電気が消えて

　オリバー（Oliver）とホリー（Holly）は新しい家に引っ越してきました。新しい部屋にはたくさんのおもちゃと二段ベッド。ホリーが上で，オリバーが下です。

　その夜，ホリーはウサギのぬいぐるみのオスカー（Oscar）に寄り添って寝ていましたが，オリバーはまだ漫画を読んでいました。お父さんに「読み終わったら自分で電気を消しなさい」と言われました。ベッドの脇を見ると，電気のスイッチがあります。「o！今度の部屋は自分のベッドから電気を消せるんだ！o！消えた！o！ついた！o！o！o！おもしろいなぁ！」。興味津々で何度もつけたり消したりしていたら，お父さんに「こら！遊んでないで，電気を消して寝なさい！」と叱られてしまいました。o！

## 1 音の復習

s, a, t, i, p, n, c/k/ck, e, h, r, m, d, g

## 2 おはなし

## 3 アクション

「ベッドからスイッチに届いて嬉しそうだったね。みんなもやってみよう」と言って，電気のスイッチを押すように指を動かしながら「o！o！o！」と言います。

## 4 文字指導

cを書いてから，そのまま始点まで丸く書きます。

## 5 音の聞き取り

bat（コウモリ），octopus（タコ），sock（靴下），pond（池）

## 6 ブレンディング

2音：on（～の上に）
3音：pop（ポンとはじける），hot（熱い，暑い，辛い），dog（犬），rock（岩，揺れる，ロックンロール）
4音：stop（～をやめる）

## 7 ディクテーション

1. top（最上部），2. hop（ぴょんと跳ねる），3. sock（くつ下1つ），4. drop（しずく）

## 8 歌

歌に合わせてアクションをします。（→ p.120）

## 発音の注意点

/o/ はアメリカ英語とイギリス英語で音が大きく違います。イギリス英語の /o/ は口が日本語よりも縦に開き，この話のように興味津々のときに「お！」と目も開くように発音します。アメリカ英語の /o/ は，イギリス英語の /o/ の発音から口の形を日本語の「あ」のように開き，喉の奥を見せるようなつもりで舌の奥を下げて発音します。このため，音自体は「あ」と「お」の中間のような音になります。

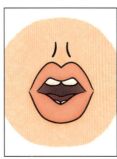 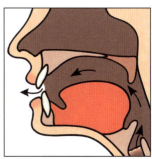

## イギリスの文化

【引っ越し：moving】

日本では父親が仕事で転勤となっても，単身赴任で家族は一緒についていかないことも多いかと思いますが，欧米ではほぼ必ず家族全員で引っ越します。

また，イギリスでは子供が生まれるときに引っ越しをすることもあります。これは評判のいい学校の学区に住むためで，子供が成長したときにその学校に入る権利を得ることができるからです。

それとはまた別に，家族構成が変化するにしたがって家の大きさを変えていくのも特徴です。夫婦2人だけのときはフラットと呼ばれるアパートなどに住み，子供が生まれると一軒家に引っ越し，子供が成長し巣立っていき夫婦2人だけになると，また小さな家に引っ越すというのが一般的なようです。

日本では家を持つということは一生に一度の大きなイベントという感じですが，イギリスでは生活スタイルに合わせて変えていくのが普通です。そのため，引っ越しも比較的多いのです。イギリスの住宅は年とともにその資産価値が上昇し続けていることも，簡単に引っ越しできる理由となっているようです。

# U u

第3グループ

- up ～の上に，～を上げる
- umbrella 傘
- sun 太陽，日光
- under ～の下で
- puddle 水たまり
- sunshine 日光，日差し

　大好きなバドおじさん（Uncle Bud）に新しい傘（umbrella）をもらった2人は大喜び。晴れている（sunny）のに，傘を持ってお散歩に行くと大張り切りです。お母さんやお父さんに笑われてしまいます。

　お日様が出ていて気持ちのいいお散歩でしたが，歩き出してしばらくしたら…ポツリ，ポツリと雨が降ってきました。「あ！あ！雨だ！傘をさそう！」「u！u！雨だ！傘をさそう！」2人はうれしそうにおじさんにもらった傘を取り出して，早速自慢げにさします。「u！u！雨だ！傘をさそう！」そう歌いながら，水たまり（puddle）に飛び込んだりして遊びました。

## 1 音の復習

s, a, t, i, p, n, c/k/ck, e, h, r, m, d, g, o

## 2 おはなし

## 3 アクション

「『あ，あ，雨だ！u！u！u！』って言いながら遊んでたね」と言って，傘をさす動作をしながら「u, u, u」と言います。

## 4 文字指導

左上から下に降りて右に曲がったら，今度は右上からまっすぐ下に棒を書きます。

## 5 音の聞き取り

umbrella（傘），dog（犬），drum（太鼓），mug（マグカップ）

## 6 ブレンディング

2音：up（上方へ）
3音：run（走る），sun（太陽），cup（コップ）
4音：drum（太鼓），truck（トラック）

## 7 ディクテーション

1. us（私たちに，私たちを），2. cut（切る），
3. duck（カモ，アヒル），4. hunt（狩る）

## 8 歌

歌に合わせてアクションをします。（→ p.120）

---

ここまでで，短母音 a, e, i, o, u が全て出そろいました。子供には，この5つの音を母音（vowel）と言い，どの単語にも必ず少なくとも1つは出てくる大切な音であることを伝えます。また，母音の歌（Disc 1 トラック73）の前半を聞いて，母音を意識できるようにしましょう。

## 発音の注意点

/u/ は日本語の「ア」とほぼ同じ発音ですが，ローマ字学習の影響で「ウ」の音だという先入観を持ちがちです。ローマ字の「u」と英語の /u/ は違う言語の違う音なのだと意識しましょう。

ただし例外として put, push, pull があります。これらは u を含みますが /u/ の音ではありません。put はひっかけ単語として42の音の学習の後で学びます。u を含む短い単語ではほとんど /u/ の発音なので，この段階では /u/ の音の単語のみを使って指導しましょう。

なお，以前習った /a/ は頬の筋肉を使いました（/a/ の音のページを参照）が，この /u/ は日本語の「ア」と同様に頬が動きません。発音するときに手を頬に当てて確認してみましょう。

 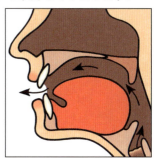

## イギリスの文化

**【天気：weather】**

「1日の中に四季がある」と言われるイギリスの天気。春は不安定で，快晴の翌日が突然春の嵐ということも珍しくありません。夏は雨も少なく湿気もなく暑すぎず，とても過ごしやすいのが特徴です。秋は雨がしとしと降ることが多く，風が強い日もありますが，台風のようなものはありません。冬は暖流の影響であまり寒くなく，雪もないのですが，からっとしない日が続きます。

日本のように豪雨や長雨になることはないので，傘をさす人は少なく，たいていはフード付きの防水ジャケットを羽織るだけ。今回のお話でも，いきなり雨が降り出しますが，本当にそんな毎日です。なお，気象を表す単語に y をつけると天候を表す形容詞になります。

- sun（太陽）→ sunny（晴れた）
- cloud（雲）→ cloudy（曇りの）
- rain（雨）→ rainy（雨降りの）
- snow（雪）→ snowy（雪の降る）
- fog（霧）→ foggy（霧の深い）
- wind（風）→ windy（風のある）

It is sunny. または It is a sunny day. などと使います。

# L l

第3グループ

- log 丸太
- blind 目の見えない
- ladybug テントウムシ
- balloon 風船
- lego レゴ
- table lamp テーブルランプ
- lemonade レモネード
- lick なめる
- leg 脚
- tail しっぽ

今日はルカ（Luca）の誕生パーティーです。風船（balloon）を部屋中に飾り付けます。友だちはたくさんのプレゼントを持ってきてくれました。たくさんの食べ物や飲み物がテーブルに並んでいます。レタス（lettuce）サンドイッチに小さな（little）ケーキにお菓子にレモネード（lemonade）。もちろんバースデーケーキもあります。

目隠し鬼や，目隠ししてロバに尻尾をつける「pin the tail on the donkey」のゲームをして遊びます。お友達のルーシー（Lucy）が一番上手に尻尾（tail）をつけました。ルーシーは優勝賞品の大きなぺろぺろキャンディー（lollipop）をもらって，「l, l, l。おいしいキャンディー！l, l, l」と嬉しそうです。

## 1 音の復習

s, a, t, i, p, n, c/k/ck, e, h, r, m, d, g, o, u

## 2 おはなし

## 3 アクション

「おいしいぺろぺろキャンディーだね」と言いながら，キャンディーをなめる真似をして「l, l, l」と言います。

## 4 文字指導

kやhと同じ高さから，上から下に書きます。

## 5 音の聞き取り

lemon（レモン），grapes（ブドウ），sleep（眠る），eel（ウナギ）

## 6 ブレンディング

2音：ill（気分が悪い）
3音：leg（脚），let（〜させる），doll（人形）
4音：lips（くちびる），help（援助，手伝い）

## 7 ディクテーション

1. log（丸太），2. luck（運），3. milk（牛乳），
4. plus（〜を加えて，プラス）

## 8 歌

歌に合わせてアクションをします。（→ p.120）

## 発音の注意点

/l/ は実は /r/ 以上に発音が難しい音かもしれません。このアクションのイラストのように，キャンディーをなめるように舌を出して /l/ の発音をしながら，前歯の後ろまでしっかりなめるように舌を動かしていきます。この動作は実際に英語話者が大げさに /l/ を発音するときに見られるものです。子供には「前歯の後ろでキャンディーをしっかり味わおうね」と言います。

この音の出し方に慣れてきたら，今度は最初から舌を前歯の後ろにしっかりと押し付けて，その両横から息を抜くようにして /l/ の発音をします。この音が通常の会話で使われる /l/ です。

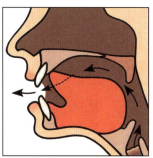

## イギリスの文化

**【誕生日会 2：birthday party 2】**

子供たちが誕生日会を行う場所ですが，自宅，公民館などのホール，子供のためのアクティビティセンターなどが一般的です。今回のイラストでは自宅での誕生日会の様子がわかります。

子供たちは，"pin the tail on the donkey"（ロバに尻尾をつけよう）や "blind man's buff"（目隠し鬼〈鬼のことは「it」と言います〉）などのゲームをしています。ぺろぺろキャンディーをなめている女の子は，この "pin the tail on the donkey" のゲームで，いちばん上手に尻尾をロバに付けた勝者で，その賞品がライム味のぺろぺろキャンディーだったというわけです。その右側にいる男の子が食べている黒いものは…。毛でもリボンでもありません。これは liquorice（リコリス）と言って，甘草で風味をつけたグミのような食感のキャンディーなのです。

それからプレゼントが机の下にたくさんありますね。実は，プレゼントはこのパーティーの間は開けません。みんなが帰ってから，誰が何をくれたのかきちんとメモをとりながら1つひとつ開けていきます。これは後から1人ひとりに「ありがとう」というお礼のカードを送るため。プレゼントをくれた人全員にしっかりとカードを送るのも，プレゼントをもらった本人の大切な礼儀作法なのです。

# F f

第3グループ

- fishing line 釣り糸
- float 浮かぶ
- raft 筏
- inflatable 膨らませることができるもの
- fly ハエ
- fruit 果物
- fishing 魚釣り
- flag 旗
- flipper 足ひれ
- fin 足ひれ
- fish 魚

　フリーダ (Freda) とフレッド (Fred) とフェリックス (Felix) は海に遊びに行きました。海につくと、魚の形をした大きな浮き輪に空気を入れて、みんなで泳ぎました。

　そのあと浜辺に上がり、フリーダとフェリックスはそれぞれ砂のお城を作り始めました。フリーダは4つ (four) の塔のあるお城を貝や旗 (flag) で飾り、フェリックスは海藻も使ってお城を仕上げていきます。その間、フレッドは足ひれ (flipper) を付けて海で泳ぐことにしました。

　突然フレッドが「あれ？　何の音？　f~~~~ って音がするよ！」と叫びました。周りを見渡すと、魚の浮き輪から f~~~~ っと空気が抜けて、どんどん小さくなっていくのが見えました。インキーマウスが悪戯をしていたのでしょうか。浮き輪の栓が外れて、空気が f~~~~ っと抜けてぺちゃんこになってしまいました。

**① 音の復習**

s, a, t, i, p, n, c/k/ck, e, h, r, m, d, g, o, u, l

**② おはなし**

**③ アクション**

「浮き輪の空気が抜けていたね。どんな音がしたかな」と聞き，手で小さな浮き輪を上下から押すようにしながら「f~~~~」と言います。

**④ 文字指導**

上から反時計回りにクルッと回して，そのまま下に降りてきます。次に，真ん中の棒を左から右に書き加えます。

**⑤ 音の聞き取り**

flag（旗），horse（馬），
leaf（葉），fox（キツネ）

**⑥ ブレンディング**

2音：if（もし〜ならば）
3音：fun（楽しみ），fat（太った），
　　 fin（〈魚の〉ひれ）
4音：frog（カエル），soft（柔らかい）

**⑦ ディクテーション**

1. fan（扇），2. fog（霧），3. left（左），
4. gift（贈り物）

**⑧ 歌**

歌に合わせてアクションをします。（→ p.121）

## 発音の注意点

/f/ は前歯で下唇を噛んだまま発音する無声音です。喉は震えません。日本語には唇を噛む音がないので，最初は上手に音が出せないかもしれません。特に，音が聞こえにくいので，ちゃんと音が出ているか不安に感じるかもしれません。そんなときは，下唇の下方を噛むようにして空気が下に流れるように発音します。手のひらを顎の下のやや前方にかざしてみてください。/f~~~~/ と発音したときに，空気の流れが手のひらに当たれば大丈夫です。慣れてくると，軽く唇を噛んで発音できるようになります。

小学校低学年くらいの子供はちょうど歯が生え変わる時期で前歯がないこともあります。そんなときは前歯の横の残った歯を使って下唇を噛めば大丈夫です。

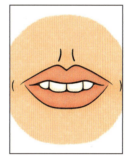 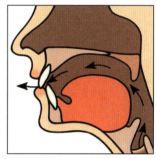

## イギリスの文化

**【海辺：seaside】**

イギリスは日本と同様，海に囲まれた国です。夏でも比較的涼しく，30度を超えることはあまりありません。そのため，日本のように海水浴場に人がいっぱいになるようなことはないのですが，それでも暑い日には南の地方では海で泳ぐこともできます。

海水温は非常に低く，日本人の私たちにはとてもではないけれど寒くて入ることができないくらいですが，イギリス人の子供たちはこのイラストにあるように sandcastle（砂のお城）を作ったり，海で泳いだりして数少ない暑い日を楽しんでいます。

なお，昔ながらの海辺の風物詩には次のようなものがあります。

- Punch & Judy（パペットショー）
- donkey rides（ロバに乗ってお散歩）
- rock（金太郎飴のような棒飴）
- ice cream（アイスクリーム）

# B b

第3グループ

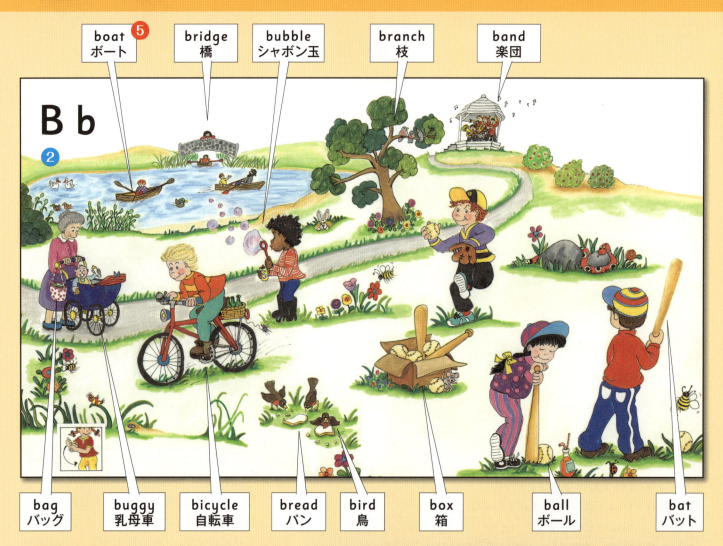

| boat ボート | bridge 橋 | bubble シャボン玉 | branch 枝 | band 楽団 |
| bag バッグ | buggy 乳母車 | bicycle 自転車 | bread パン | bird 鳥 | box 箱 | ball ボール | bat バット |

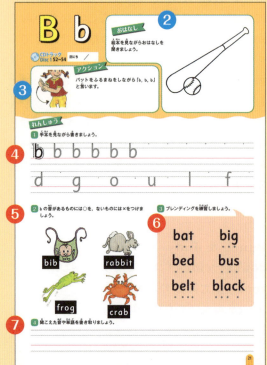

　おばあちゃんはビル（Bill）と赤ちゃん（baby）のベン（Ben）を連れて公園へ行きました。湖にはボート（boat）が浮かび，向こうからは演奏（band）の音が聞こえてきます。

　すると，ビルの友達が野球の道具を持ってきているのを見つけました。ビルはみんなと一緒に野球を始めます。ビルはピッチャーで，ロブ（Rob）がバット（bat）を構えてバットを振ります。b！ 空振りです。

　もう1回，b！ また空振り。その後もバットを振る練習をしてみます。b, b, b！ 音だけならすごいバッターなのにね。b！

## 1 音の復習

s, a, t, i, p, n, c/k/ck, e, h, r, m, d, g, o, u, l, f

## 2 おはなし

## 3 アクション

「バットを振ったらどんな音がしたかな？」と聞きながら、バットを振る真似をして「b, b, b」と言います。

## 4 文字指導

k, h, d, l, f などと同じ高さから、上から下に棒を書きます。そして今度は真ん中辺りから時計回りにくるっと半円を書きます。

## 5 音の聞き取り

bib（よだれかけ）、rabbit（ウサギ）、frog（カエル）、crab（カニ）

## 6 ブレンディング

3音：bat（バット）、big（大きい）、bed（ベッド）、bus（バス）
4音：belt（ベルト）、black（黒）

## 7 ディクテーション

1. bad（悪い）、2. bus（バス）、3. back（背、後ろへ）、4. best（いちばんよい）

## 8 歌

歌に合わせてアクションをします。（→ p.121）

次の回からはダイグラフ（2文字で1音になるつづり）が登場します。ブレンディングとセグメンティングの練習の時間を余分にとって、ここまでに習った文字と音を定着させましょう。

## 発音の注意点

/d/ と /t/、/g/ と /ck/ がそれぞれ親戚の音だったように、この /b/ は /p/ と親戚の音です。

/p/ が無声音（喉が震えない音）であるのに対して、/b/ は有声音（喉が震える音）です。口の形や舌の位置などは /p/ と同じで、口の中から空気を破裂させるような感じで出します。

/p/ と同様に破裂音ですので、/b~~~~/ と音を伸ばすことはできません。できてしまったらそれは /b/ の音に母音がついてしまっている証拠です。また、口の形も重要です。/p/ の口の形を思い出し、唇の真ん中から集中して吹くようにしましょう。

 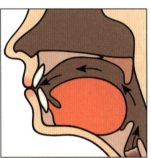

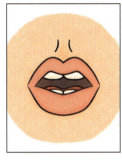 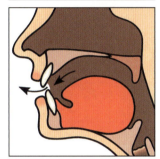

## イギリスの文化

【スポーツ：sports】

子供たちの間で人気なスポーツはやはりサッカー（イギリスでは football と呼ばれています）です。子供向けのサッカークラブや学校のクラブで子供たちはサッカーを習います。また、学校の休み時間にサッカーをする子供たちもたくさんいます。テニスやゴルフ、ラグビー、乗馬、バドミントンを習っている子供もたくさんいます。日本ではあまり聞かないクリケットというスポーツも人気です。

また、日本のスポーツとして空手（karate）はとても人気高く、子供たちの中でも習っている割合が高いようです。なお、イギリスでは野球はほとんどしませんが、かわりにラウンダーズ（rounders）というよく似たスポーツが行われています。

# ai

第4グループ

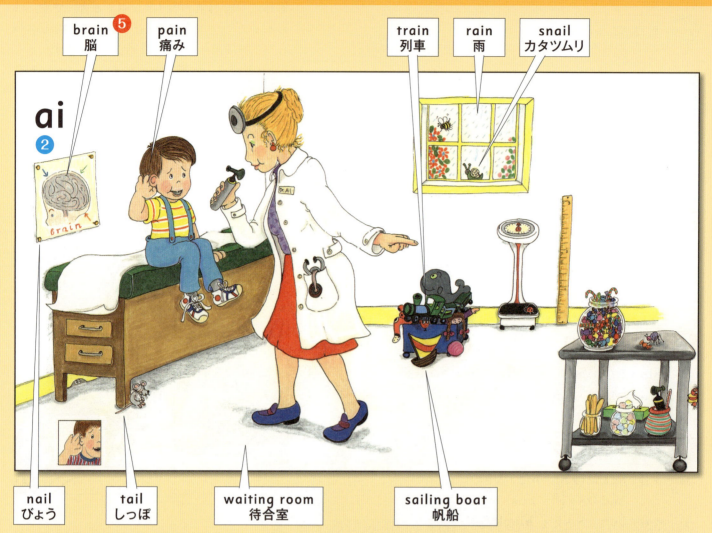

- brain 脳
- pain 痛み
- train 列車
- rain 雨
- snail カタツムリ
- nail びょう
- tail しっぽ
- waiting room 待合室
- sailing boat 帆船

　エインスリー（Ainsley）は最近，耳の調子がよくありません。お母さんが話しかけると，「ai？ 何？ 聞こえないよう」と手を耳にあてて聞き返します。お母さんは「ai？ なんて聞き方は失礼ですよ。Pardon？ と言いなさい」と言います。でも，エインスリーの耳は悪くなっていく一方です。ついにお母さんはエインスリーをお医者さんに連れて行きました。

　エイル医師（Dr. Ail）はエインスリーの耳の中を診察します。先生は「耳垢がずいぶんとたまっているね。耳をきれいにしてお薬を出しておきますから，もう大丈夫」とにっこり笑いながら言いました。お母さんはほっとして「これでもう ai？ なんて言わなくてもよくなるね」と言いました。

※ イギリスではお年寄りが耳が聞こえないときに「/aɪ/（エイ）？」と耳に手を当てて聞き返すことがあります。おはなしを読む前に子供にこのことを説明し，何度か子供に「/aɪ/（エイ）？」と聞き返させて，発音とアクションの練習を行います。

70

## 1 音の復習

s, a, t, i, p, n, c/k/ck, e, h, r, m, d, g, o, u, l, f, b

## 2 おはなし

## 3 アクション

「この男の子は聞こえなかったときになんと言っていましたか」と聞き，手を耳の横に当てながら「ai ?」と言います。

## 4 文字指導

文字自体は既習のaとiの組み合わせです。今回のように2文字で1つの音を表すものをダイグラフ(digraph)といいます。2つの文字だけれども，出す音は1つになることを指導します。

## 5 音の聞き取り

ink（インク），rain（雨），
train（列車），snail（カタツムリ）

日本語では「エイ」という音を「エー」と伸ばします。（例：とけい→発音はとけえ）。ですので，/ai/という音も「エー」と言ってしまいますので，丁寧に音を聞いて発音するよう指導します。

## 6 ブレンディング

2音：aid（援助）
3音：rain（雨），mail（郵便），sail（帆）
4音：train（列車），paint（ペンキ）

## 7 ディクテーション

1. aim（目標，ねらいをつける），2. nail（爪，くぎ），
3. pain（痛み），4. snail（カタツムリ）

## 8 歌

歌に合わせてアクションをします。（→ p.121）

## 発音の注意点

2文字で1つの音を表すダイグラフが初めて登場しました。今回は「母音のダイグラフ」です。aiは既習の読み方で/a/ + /i/と2音で「アイ」と読んでしまいそうですが，この2文字が一緒になった場合は必ずrainの/ai/という音（日本語では「エィ」に近い音）になります。

aの文字の名前がこの音（長母音）です。決して「エー」と伸ばす音ではありません。また「エ・ィ」と区切った音でもなく，「エ」の音を強く「ィ」を弱く流れるように/ai/と読みます。

下のイラストの口の形は「エ」の部分で，この後は口を横にひっぱって「イ」の音を出します。

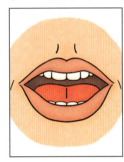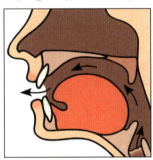

## イギリスの文化

### 【医療：health care】

日本では，おなかが痛ければ内科へ，目に何かあれば眼科へ，そしてこの男の子のように耳がおかしければ耳鼻科へと，直接専門医にかかることができます。

一方イギリスでは，自分の住んでいる地域の町医者（GP：General Practitioner）を1つ選び，そこに登録をしておきます。耳が痛くなったり，足の調子が悪くなったり，風邪をひいたりしたときには，まずそのGPにかかり，そこから必要に応じて専門医を紹介される仕組みになっています。子供がGPで診てもらった後は，「よく頑張りました」と書かれたシールを先生からもらうことがあります。

### 【は？：ai?】

この男の子は「ai?」と何度も聞き返しています。実際に「ai?」と言う人もいますが，お話のなかでお母さんも「pardon?　と言いなさい」と言っているように，かなり失礼な言い方です。子供にはそのことをしっかりと伝えたうえで，何回か「聞こえる？」「ai?」「ねえねえ」「ai?」と練習をしましょう。

# J j

第4グループ

- joint 骨付き肉
- jelly ゼリー
- jumper セーター（英）
- jug 水差し
- jam ジャム
- juggling ジャグリング
- juice ジュース
- jeans ジーンズ
- jet ジェット機
- jacket 上着

ジェーン（Jane）はジェリー（jelly）が大好きです。今日も，おやつにジェリーを作ってほしいとお母さんに伝えて，学校へ行きました。

　家に帰るとジェーンは「ねぇ，ねぇ，ジェリーはどこ？」と聞きます。お母さんは「ほら，特大のジェリーよ」と言いながら，四段重ねの赤い特製ジェリーを冷蔵庫から取り出しました。お皿の上のジェリーはテーブルまで運ぶ間，プルプルと震えています。ジェーンは「うわぁ，私までジェリーになったように震えちゃう。j, j, j, jelly！」と大喜びです。「お皿の上にj, j, jelly！」

※ お話の前に…今回のお話ではゼリーが登場しますが，この絵を見せながら英語では「ゼリー」ではなくて「ジェリー」に近い発音になることを簡単に説明しておきます。

## 1 音の復習

s, a, t, i, p, n, c/k/ck, e, h, r, m, d, g, o, u, l, f, b, ai

## 2 おはなし

## 3 アクション

「この子はうれしくて自分の体をジェリーになったようにプルプルふるわせながらなんと言っていましたか」と聞き、体をジェリーのようにふるわせながら「j, j, j」と言います。

## 4 文字指導

上から真下に行って左にくるっと曲げたら、一旦ペンを紙から離し、今度は上に点を書きます。j は p や g と同様、他の文字よりも下に飛び出している文字であることを意識させましょう。

## 5 音の聞き取り

jelly（ゼリー）, jigsaw（ジグソーパズル）, jam（ジャム）, cow（牛）

## 6 ブレンディング

3 音：jam（ジャム）, jet（ジェット機）,
　　　job（仕事）, jog（ゆっくり走る）
4 音：just（ちょうど）, jump（ジャンプする）

## 7 ディクテーション

1. jam（ジャム）, 2. jug（水差し）,
3. jet（ジェット機）, 4. jail（刑務所）

## 8 歌

歌に合わせてアクションをします。（→ p.121）

## 発音の注意点

/j/ は、舌先を上顎につけてから、離す瞬間に破裂音を出します。日本語で言えば「ジュ」の音の最初の部分だけというイメージですが、日本語に比べると舌のより先の方を上顎につけて発音します。また、母音はなく（音を伸ばせない）、有声音（喉が震える）です。

　気をつけなければいけないのは、舌を上顎につけなくても似たような音が出るという点です。日本人にはその 2 つの音の違いがわかりにくいのですが、英語話者にとってはこの 2 つの音は別物です。/j/ は /ch/ の音の有声音で、/sh/ の音の有声音とは異なりますので、注意しましょう。（/ch/, /sh/ はこれから学習します）。

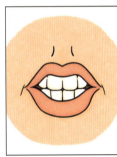
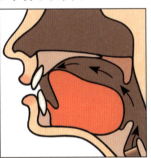
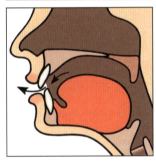

## イギリスの文化

【冷蔵庫：refrigerator/fridge】

　イラストの冷蔵庫をよく見てみると、日本とは形が異なり、中の食材も随分違っています。

　まず、イラストの冷蔵庫には冷凍庫がついていません。日本では冷凍冷蔵庫が一般的ですが、イギリスでは冷凍庫を別に持っている家庭も多く、冷凍庫のついていない冷蔵庫も見られます。

　また、中に入っている食材も興味深いですね。扉の上部のいろいろな種類のチーズ、庫内右上の瓶に入った牛乳、真ん中の段のまるごとの骨付きのハム。食生活の違いがうかがえます。

　このイラストに登場するゼリーはお母さん手作りの特製ゼリーですが、子供たちと一緒に作るキットも販売されていて、子供の大好きなおやつの 1 つです。日本のものと比べると甘さが強いものが多いようです。

# oa

第4グループ

- loaf パンのひとかたまり
- boat ボート
- oak 樫の木
- goat ヤギ
- road 道路
- coat コート
- toad ヒキガエル
- float 浮く，浮かぶ
- croak （カエルやカラスの）ガーガー鳴く声

ある日，ピクニックに行ったモゥナ（Mona）とジョゥナ（Jonah）。ジョゥナの模型船で遊ぼうと池に近づくと，鼻息を荒くして前脚でバンバンと威嚇しているヤギ（goat）の姿が見えました。どうやら樫（oak）の木の枝にいるリスやコマドリが気に入らないようです。でも，リスやコマドリたちは知らんぷり。コマドリはその間もヤギの目の前まで飛び降りて，ヤギの食べているオート麦（oat）を盗んだりとやりたい放題です。とうとうヤギは我慢できず，おもいっきり樫の木に体当たり！ドスン！

すると，なんと樫の木が倒れてヤギが下敷きになってしまいました！2人は口を押えて「Oh！」と叫びます。近くの農家の人を呼ぶと，みんな「Oh！」と口を押さえて驚いています。あっちでも「Oh！」，こっちでも「Oh！」と言っています。でも，みんなで木をどかしてヤギを助けてくれました。びっくりしたね。「Oh！」

## ① 音の復習

s, a, t, i, p, n, c/k/ck, e, h, r, m, d, g, o, u, l, f, b, ai, j

## ② おはなし

## ③ アクション

「2人は驚いてなんて言いましたか?」と聞き,手を口の前方下にかざして「oa」と言います。

アクションをする際,かざした手を少しつぼめながら /oa/ と言うと発音しやすくなります。

## ④ 文字指導

文字自体は既習の o と a の組み合わせです。2つめのダイグラフです。これも2つの文字だけれども,出す音は1つになることを指導します。

## ⑤ 音の聞き取り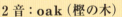

goat(ヤギ),coat(コート),boat(ボート),rain(雨)

日本語は,母音が2つ重なった「オウ」という音は「オー」,「エイ」は「エー」と伸ばしてしまう言語ですので,この /oa/ も「オー」という音との区別が難しいです。丁寧に音を聞き,発音するように指導します。

## ⑥ ブレンディング

2音:oak(樫の木)
3音:goat(ヤギ),road(道路),boat(ボート),foam(泡)
4音:toast(トースト)

## ⑦ ディクテーション

1. goal(ゴール),2. soap(石けん),
3. coat(コート),4. float(浮く)

## ⑧ 歌

歌に合わせてアクションをします。(→ p.121)

## 発音の注意点

再び,2文字で1つの音を表すダイグラフです。oa は既習の /o/ + /a/ と2音で「オア」と読んでしまいそうですが,この2文字が一緒になった場合は必ず boat の /oa/ という音(日本語では「オゥ」に近い音)になります。

o の文字の名前がこの音(長母音)です。「オー」と伸ばす音ではありません。また「オ・ゥ」と区切った音でもなく,「オ」の音を強く「ゥ」を口をややつぼめて弱く流れるように /oa/ と読みます。

例えば「オー」と伸ばした音にしてしまうと,coat(上着)のつもりが caught(捕まった)になってしまいます。別の音であるということをしっかり指導しましょう。

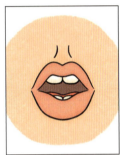 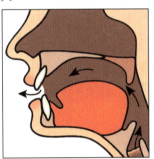
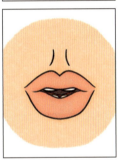 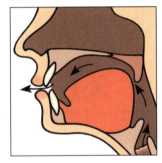

## イギリスの文化

**【野生生物:wildlife】**

イギリスではロンドンのような都市部でもちょっと郊外に出れば,ヒツジや馬,牛などが放牧されている様子を見ることができます。ヤギやロバも身近です。ほかにも,イラストにはたくさんの動物たちがいます。

まずモグラ(mole)。歩道や庭や畑などあちこちでモグラの穴を見かけます。害獣の1つで,あまり好まれていません。それからウサギ(rabbit/hare)。ピーターラビットが有名ですね。リス(squirrel)も身近な動物で,庭先にも頻繁に姿を見せます。また,コマドリ(robin)はイギリスを代表する野生の鳥として人気です。特に,クリスマスの日に庭でさえずる鳥として,イギリス人にはとても身近に感じている鳥なのです。他には h にも登場するハリネズミ(hedgehog)もよく見られる動物です。

# ie

第4グループ

tie ネクタイ, 靴紐
flies ハエ
lie 横たわる

　クライブ（Clive）のお父さんは水兵です。いったん船に乗ると、何か月も仕事から帰ってくることができません。でもお父さんから水兵の帽子をもらってクライブは大喜びです。お母さんにお願いして、その帽子に合う水兵さんの制服まで作ってもらいました。

　今日はお父さんがお休みで帰ってくる日です。クライブはびっくりさせようと制服を着て待っています。「ただいま！ クライブ！」お父さんの声がしました。クライブはうれしくてお父さんに飛びつきました。「かっこいい水兵さんだ！」とお父さんはほめてくれました。そして「水兵さんなら敬礼して"ie, ie！"としっかり言えるようにならなくちゃ」と教えてくれました。クライブは鏡の前で練習です。「ie, ie！」と上手に敬礼ができました。

※「/ieɪ/, /ieɪ/」は「Aye, aye」と書きますが、水兵などが上官に敬礼するときの言葉で、「yes」の意味です。「Aye, aye, sir！（アイ、アイ、サー）」というフレーズでも使われます。

## 1 音の復習

s, a, t, i, p, n, c/k/ck, e, h, r, m, d, g, o, u, l, f, b, ai, j, oa

## 2 おはなし

## 3 アクション

「さぁ,みんなでかっこよく敬礼しましょう」と促し,敬礼のポーズをしながら「ie, ie」と言います。

## 4 文字指導

文字自体は既習の i と e の組み合わせです。3つめのダイグラフです。

## 5 音の聞き取り

pie (パイ), flag (旗),
tie (ネクタイ), magpie (カササギ)

## 6 ブレンディング

2音:tie (ネクタイ), pie (パイ)
3音:lied (嘘をついた)
4音:tried (頑張った)

## 7 ディクテーション

1. pie (パイ), 2. tie (ネクタイ), 3. cried (泣いた),
4. dried (乾いた)

## 8 歌

歌に合わせてアクションをします。(→ p.121)

## 発音の注意点

3つめのダイグラフです。ie は既習の読み方で /i/ + /e/ と2音で「イエ」と読んでしまいそうですが,この2文字が一緒になった場合は必ず pie の /ie/ という音(日本語では「アィ」に近い音)になります。i の文字の名前がこの音(長母音)です。「ア」の音を強く「ィ」を弱く流れるように /ie/ と読みます。

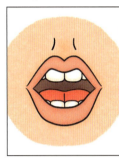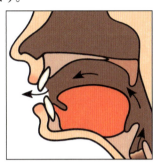
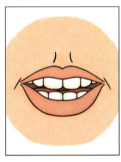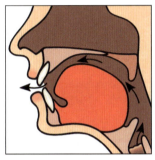

## イギリスの文化

【軍隊:armed forces】

イギリスには陸海空の3つの軍隊があり,それぞれ以下のように呼ばれています。
- イギリス陸軍:British Army
- イギリス海軍:Royal Navy
- イギリス空軍:Royal Air Force

この名前を見てわかるように,海軍と空軍は Royal,つまりイギリス国王(女王)に属しているのです。陸軍だけはイギリス議会の許可に基づいて編成されているため,British という名前になっています。イギリス皇室の王子たちは,伝統的にこれらの陸海空軍で従事することになっています。さて,このイラストの男の子が着ている服はいわゆる「セーラー服」です。sailor,つまり,水兵のことです。日本でも女子学生の制服にセーラー服がありますが,もともとの起源は水兵が着ていた制服なのです。

また,このアクションでは手のひらが正面を向いていますが,これはイギリスの敬礼。アメリカでは日本と同じ敬礼の仕方で,手のひらが下を向きます。

# ee or

第4グループ
2レッスンで指導

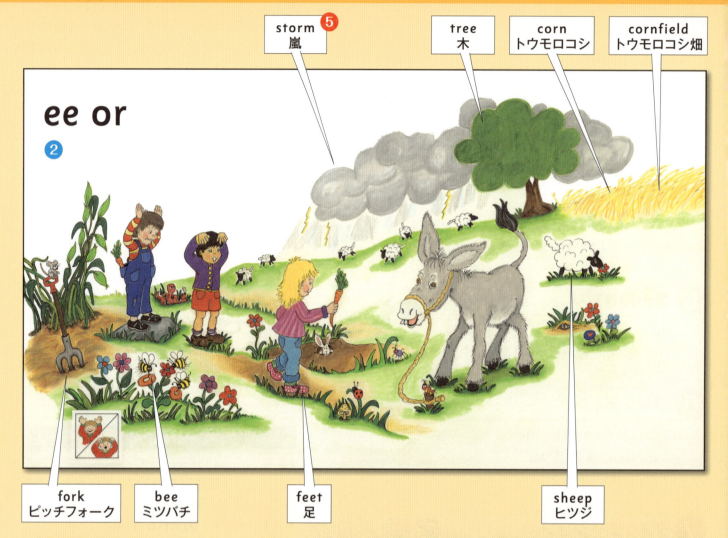

- storm 嵐
- tree 木
- corn トウモロコシ
- cornfield トウモロコシ畑
- fork ピッチフォーク
- bee ミツバチ
- feet 足
- sheep ヒツジ

　トウモロコシ（corn）畑の隣にロバとヒツジが飼われていて，ノーラ（Nora），ジャキーム（Jakeem），ジェイシー（Jaisey）は会いに行きます。ロバも子供たちがくるのがうれしくて，子供たちの姿が目に入ると「ee or！ ee or！」と耳をパタパタさせながら喜びます。

　ある夏のこと。「今日はうちの庭でとれたニンジンをどうぞ」とノーラがロバにニンジンをあげると「ee or！」とまた大喜びでロバは鳴きます。「うちの庭にはスイートコーン（sweet corn）もあるんだ」そんなことを話しかけていると突然，大きな雨粒がポツポツと降ってきました。向こうには真っ黒な雨雲が見えます。「あ，雨雲が近づいてきた！ 嵐（storm）がくる前に走って帰らないとずぶ濡れになっちゃう！ またくるね。バイバイ！」子供たちが手を振って別れを告げると，ロバも「ee！ or！」と言います。

## 1 音の復習

s, a, t, i, p, n, c/k/ck, e, h, r, m, d, g, o, u, l, f, b, ai, j, oa, ie

## 2 おはなし

## 3 アクション

「ロバは耳をパタパタさせながらなんて言いましたか？」と聞いて，手をロバの耳に見立てて頭の横にかざしながら，指先を上に向けたときに「ee」，指先を下に向けたときに「or」とそれぞれ言います。

## 4 文字指導

- /ee/：上段を使って指導します。
  文字自体は既習のeの組み合わせです。
- /or/：下段を使って指導します。
  文字自体は既習のoとrの組み合わせです。

## 5 音の聞き取り

- /ee/：上段の3つのイラストを使って指導します。
  bee（ミツバチ），crab（カニ），sheep（ヒツジ）
- /or/：下段の3つのイラストを使って指導します。
  goat（ヤギ），fork（フォーク），horse（馬）

## 6 ブレンディング

- /ee/：左側の単語を使って指導します。
  2音：bee（ミツバチ）
  3音：seed（種）
  4音：green（緑の）
- /or/：右側の単語を使って指導します。
  3音：corn（トウモロコシ），fork（フォーク）
  4音：sport（スポーツ）

## 7 ディクテーション

- /ee/：四線の左側の部分を使って指導します。
  1. eel（ウナギ），2. beef（牛肉），3. tree（木）
  4. sleep（寝る）
- /or/：四線の右側の部分を使って指導します。
  1. or（それとも），2. pork（豚肉），3. horn（つの），
  4. storm（嵐）

## 8 歌

歌に合わせてアクションをします。（→ p.121）

## 発音の注意点

### /ee/

この2文字で1つのダイグラフとなり，beeの /ee/ という音（日本語表記の「イー」とほぼ同じ音）になります。短母音の /i/ よりもさらに口角を横に引いて発音します。eの文字の名前がこの音（長母音）です。

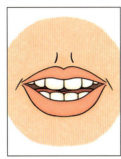 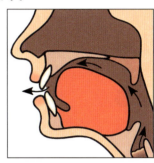

### /or/

この2文字で1つのダイグラフとなり，orの /or/ という音（日本語表記の「オー」とほぼおなじ音）になります。

イギリスやオーストラリア，南アフリカなどでは /r/ の音は発音されず，単に伸ばしただけの音となります。一方，北アメリカ（一部の地域を除く）やスコットランド，インドなどでは，同じ口の形をしたまま後半の伸ばす部分の音をやや巻き舌にして /r/ の音を少しだけ加えて発音します。

 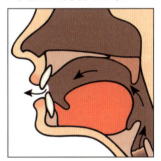

## イギリスの文化

【ロバ：donkey】

イギリスではロバは身近な動物で，イギリスの有名な小説『クマのプーさん（Winnie-the-Pooh）』にもロバが登場します。このロバの名前は「イーヨー（Eeyore）」というのですが，これはロバの鳴き声をもとにつけられたそうです。

一般的にロバの鳴き声は英語では「hee-haw」とされていますが，この単語の英語読みの母音をもとにeey-oreという名前になったとのこと。今回のお話に登場する /ee//or/ という音とストーリーは，クマのプーさんの登場キャラクターからとったのではなく，ロバの鳴き声をベースにしたお話だったのですね。

# Z z

第5グループ

- buzz ぶんぶん飛ぶ
- frizzy 縮れ毛
- gazania ガザニア（花）

　ある晴れた日のこと。きれいな花がたくさん咲いた庭でザーラ（Zara）が遊んでいたときです。突然，耳元でぶんぶんと大きな音が聞こえました。「z~~~~ z~~~~ z~~~~」と音は大きくなったり小さくなったり。大きなミツバチです！ 花から花へ，花粉を集めて忙しく飛び回って（buzz）います。ザーラはその様子を興味深く観察していました。

　しばらく見ていたザーラは立ち上がって，大忙しのミツバチの真似を始めます。手をミツバチの羽根のようにばたつかせて「z~~~~」と言いながら，ガザニアの花からデージーの花へと飛び回って花粉を集める真似をして遊び始めました。「z~~~~！」大忙しです。

### 1 音の復習

s, a, t, i, p, n, c/k/ck, e, h, r, m, d, g, o, u, l, f, b, ai, j, oa, ie, ee, or

### 2 おはなし

### 3 アクション

「ザーラはミツバチの真似をしましたね」と言って、手をミツバチの羽根に見立てたポーズをしながら「z~~~~」と言います。

### 4 文字指導

左上から一筆でジグザグに書きます。

### 5 音の聞き取り

zebra（シマウマ），wool（羊毛），zigzag（ジグザグ形），zoo（動物園）

### 6 ブレンディング

3音：zip（ファスナーを締める），
　　 buzz（〈ハチなどが〉ブンブン言う），
　　 fizz（泡立つ）
6音：zigzag（ジグザグ形）

　zip という単語を発音するときに、日本語で「ジップ」と言ってしまうと、/z/ ではなく /j/ の音になってしまいます。/z/ の音は上顎に舌がつきませんので、舌の位置をしっかりと確認しましょう。

### 7 ディクテーション

1. zip（ファスナーを締める），2. jazz（ジャズ），
3. zest（熱意），4. zigzag（ジグザグ形）

### 8 歌

歌に合わせてアクションをします。（→ p.121）

## 発音の注意点

　/d/ と /t/，/g/ と /ck/，/b/ と /p/ がそれぞれ親戚の音だったように、この /z/ は /s/ と親戚の音です。

　/s/ が無声音（喉が震えない音）であるのに対して、/z/ は有声音（喉が震える音）です。どちらも口の形や舌の位置などは同じです。/s/ と同じように、口を軽く開き、舌と前歯の間から空気を追い出すように舌を震わせながら /z/ の音を出します。日本語では「アズキ」と普通に言ったときの「ズ」の音といえばわかりやすいかもしれません。

　/s/ との違いは有声音となる点ですので、/s/ が /s~~~~/ と伸ばせたのと同様に、/z/ も /z~~~~/ と伸ばすことができます。ただし、伸ばす際に日本語で「ズウ〜」というように母音を伸ばしてしまわないようにしてください。必ず摩擦音の /z/ を継続して伸ばして /z~~~~/ という発音になっているか確認することが重要になります。

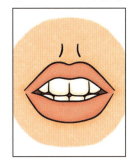 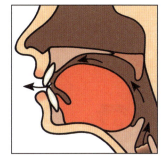

## イギリスの文化

**【虫：insects/bugs】**

　今回のお話はミツバチが登場しましたね。イラストにもたくさんのミツバチが描かれています。そういえばジョリーフォニックスのイラストにはアリ、イモムシ、チョウ、カタツムリ、テントウムシなどいろいろな小さな虫たちがあちこちに登場します。虫は英語では insects や bugs と言います。今回はこうしたジョリーフォニックスに登場するさまざまな虫たちの英語の名前を紹介します。どれだけ知っていますか。

- アリ ant
- イモムシ、アオムシ caterpillar
- カタツムリ snail
- クモ spider
- チョウ butterfly
- テントウムシ ladybug（米）/ladybird（英）
- ハエ fly
- ミツバチ bee

# W w

第5グループ

- wind 風
- windy 風の強い
- wing 翼
- wheat 小麦

　ある日，西風（west wind）と太陽がどちらが強いか言い争っていました。「あのコートを着た男の人のコートを吹き飛ばして脱がせてみせよう」。西風はそう言うと思い切り冷たい風を「w, w, w, w, w！」と吹き付けます。男の人はコートが吹き飛ばされないようにしっかりと手でつかみます。西風が「w, w, w, w, w！」と強く吹けば吹くほど，男の人はますますしっかりコートを押さえて必死に耐えます。

　今度は変わって，太陽がやってみる番です。太陽は暖かな日差しで男の人を照らします。だんだんと暖かくなって，暑くなって，とうとう暑さに我慢できなくて男の人は自分でコートを脱いでしまいました。勝負は太陽の勝ち（win）です！ 負けた西風は「w, w, w, w, w！」とすごい勢いで逃げて行きました。

## 1 音の復習

s, a, t, i, p, n, c/k/ck, e, h, r, m, d, g, o, u, l, f, b, ai, j, oa, ie, ee, or, z

## 2 おはなし

## 3 アクション

「西風はなんて言って風を吹き付けましたか？」と聞き、両手を口の前方下に上向きに広げて、息を吹きかけるように「w, w, w」と言います。

## 4 文字指導

4本の線をそれぞれ上から下へ書くこともありますが、左上から続けて一筆で書くほうがきれいに書けます。

## 5 音の聞き取り

window（窓）、swan（白鳥）、apple（リンゴ）、well（井戸）

## 6 ブレンディング

3音：web（クモの巣状のもの）、wig（かつら）、wag（しっぽをふる）、wait（待つ）
4音：wind（風）、sweet（甘い）

## 7 ディクテーション

1. wet（濡れた）、2. win（勝つ）、3. week（週）、4. swim（泳ぐ）

## 8 歌

歌に合わせてアクションをします。（→ p.122）

## 発音の注意点

/w/ を発音するときは、今回のイラストにある西風の口のように思い切り唇を前に突き出した状態から口を開きながら「ウヮ」と発音します。数回この「ウヮ」を練習していると、唇の周りがジンジンしてくるくらいです。最初はそれを目安に発音してみましょう。

日本語にはここまで唇を突き出すような音がなく、この口の形をするのを恥ずかしく感じる人も少なくありません。後に習う th の音では舌を出したりしますが、これらは英語では普通の発音です。大げさなくらいに口を動かすことで通じる発音になっていき、自信もついてくるようになります。

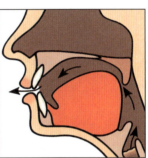
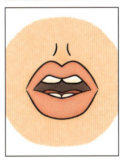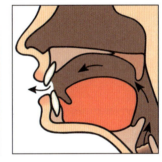

## イギリスの文化

【お話の本：story books】

今回のお話は、イソップ寓話の中の「北風と太陽」というお話が元になっています。イギリスの子供たちは家でも学校でも、小さな頃からお話の本にたくさん触れています。伝承されてきたお話の本としては、今回のような寓話・童話（fable）の他にも、おとぎ話（fairy tale）、民話（folktale）、神話（mythology）、昔話（traditional story）、ノンフィクションとしては伝記（biography）、歴史（history）、科学の本（information book）など、さまざまなものがあります。

子供たちは、学校に通うようになると、すぐに宿題として毎日こういった本を各自のレベルに合わせて持ち帰るようになります。最初は文字のないイラストだけの絵本から、徐々に難しい本を読むようになっていきます。

# ng

第5グループ

- weight-lifting 重量あげ
- strong 強い
- sing 歌う，さえずる
- swing ブランコ
- hanger ハンガー
- boing ぼよよ〜ん
- ping-pong 卓球
- racing car レーシングカー
- ring 輪，指輪
- string 紐

ある土曜日の午後，ビン(Bing)は友達のマーク(Mark)の家で卓球をしたり，レーシング(racing)カーのおもちゃで遊んだりしています。「そうだ！ カーレースの番組があったかも！」とテレビをつけました。すると，重量あげ(weight-lifting)の試合が目に飛び込んできました。

「うわぁ，この人すごいね！ あんなに重そうなバーベルをng, ng, ngってすごい力で持ち上げているよ！」「僕たちもやってみよう！」。レーシングカーのことはすっかり忘れて，2人は早速モップとほうきを持ってきて重量あげ選手の真似を始めます。「ng, ng, ng！」「ng, ng, ng, ng, ng, ng！」

## 1 音の復習

s, a, t, i, p, n, c/k/ck, e, h, r, m, d, g, o, u, l, f, b, ai, j, oa, ie, ee, or, z, w

## 2 おはなし

## 3 アクション

「バーベルを持ち上げるときになんて言っていましたか?」と聞いて、重量あげのように肩から手を上に押し上げながら「ng, ng, ng」と言います。

## 4 文字指導

文字自体は既習のnとgの組み合わせです。今回初めて登場した「子音のダイグラフ」です。ダイグラフは母音だけではなく、こうした子音のものもあることを説明しておきます。

## 5 音の聞き取り

king(王), zebra(シマウマ), kangaroo(カンガルー), swing(ブランコ)

## 6 ブレンディング

3音: sing(歌う), king(王), long(長い), lung(肺)
4音: swing(ブランコ)
5音: spring(春, バネ, 泉)

## 7 ディクテーション

1. song(歌), 2. wing(翼), 3. bring(持ってくる), 4. strong(強い)

## 8 歌

歌に合わせてアクションをします。(→ p.122)

## 発音の注意点

この /ng/ という音は、「ング」という音ではありません。/n/ の音の舌の位置が違ったバージョンと考えたほうがわかりやすいと思います。

/ng/ は /n/ と同じように唇を軽く開いて発音する有声音ですが、舌の位置が異なります。
- /n/: 舌先を上顎の前方に触れて発音します。
- /ng/: 舌先は上顎に触れず、舌の奥のほうを上顎の奥の方にピッタリとくっつけて発音します。このように鼻から出す音を鼻濁音と言います。

king, ring など ng が単語の最後にくるときには基本的に /g/ の音は現れず、/ng/ の鼻濁音のみが聞こえます。一方で、/ng/ の後ろにさらに音が続くときには、/g/ の音が現れる傾向があります。例えば、kangaroo や angry などは、/ng/ の鼻濁音の後に /g/ の音がはっきりと現れます。singing という単語の真ん中にある ng は /g/ の音にまではなりませんが、通常の /ng/ の音と比べると、やや /g/ の音に近い鼻濁音になります。singing の最後の ng は /g/ の音は現れず /ng/ の鼻濁音のみが聞こえます。ややこしいですね。

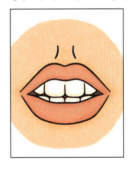 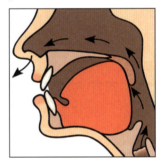

## イギリスの文化

**【遊び部屋:playroom】**

今回のイラストを見て「部屋の中に卓球台?」と思いませんでしたか。ときどき、車庫や家の中の一室をこうした子供の遊び部屋にしている家があります。日本の部屋と比べても、イギリスの一般的な家の部屋は決して広いとはいえないのですが、価値観の違いでしょうか。

卓球台の他にも、スヌーカー台やテーブルサッカーゲーム、小さい子供のいる家庭では室内滑り台などを置く家も見られます。

また、このイラストではブラウン管タイプの旧型のテレビが描かれていますが、イギリスでもテレビの薄型化・大画面化が進んでいます。最近ではテレビや DVD などの鑑賞用にリビングに大きな薄型テレビを置き、加えてオーディオセットやゲーム機を置いている家も増えています。

# V v

第5グループ

- vegetable 野菜
- veg 野菜（英略）
- wave （手を）振る
- van バン
- drive 運転する

　ヴィックおじさん (Uncle Vic) は野菜 (vegetable) や果物をお店からお家までバン (van) で届ける仕事をしています。今日はザック (Zack) とジェス (Jess) もお手伝い。

　「まずは駅まで配達だ！」。v～～～ とバンはエンジン音を響かせて進みます。「今度はヴァルの八百屋さん (Val's Fruit and Veg) に品物を取りに行くよ！」。v～～～！　「次はこの品物を，ヴァーノン (Vernon) さんの家に届けるよ！」 v～～～！ こんなふうにして1日中3人は忙しく v～～～！ v～～～！ と車であっちに行ったりこっちに行ったりのお仕事です。

　夕方になってそろそろ子供たちが帰る時間になりました。「ありがとう，助かったよ！」とおじさんは子供たちを家まで送って，また次の配達に向かいます。子供たちはおじさんのバンを見送りながら「バイバイ！」と大きく手を振ります。おじさんのバンは v～～～！ と走っていきました。

① **音の復習**

s, a, t, i, p, n, c/k/ck, e, h, r, m, d, g, o, u, l, f, b, ai, j, oa, ie, ee, or, z, w, ng

② **おはなし**

③ **アクション**

「おじさんの運転する車はどんな音がしましたか？」と聞き，両手でハンドルを動かすようにしながら，「v～～～」と言います。

④ **文字指導**

左上から真ん中下へ，そのまま一筆で右上へと書いていきます。

⑤ **音の聞き取り**

violin（バイオリン），van（バン），fish（魚），lava（溶岩）

⑥ **ブレンディング**

3音：van（バン），vet（獣医），
4音：vest（チョッキ）
6音：invent（発明する）

⑦ **ディクテーション**

1. van（バン），2. vet（獣医），3. vest（チョッキ），4. vivid（鮮明な）

⑧ **歌**

歌に合わせてアクションをします。（→ p.122）

## 発音の注意点

/d/ と /t/，/g/ と /ck/，/b/ と /p/，/z/ と /s/ などと同様に，この /v/ は /f/ と親戚の音です。/f/ が無声音（喉が震えない音）であるのに対して，/v/ は有声音（喉が震える音）です。どちらも口のかたちや舌の位置などは同じです。/f/ と同じように，上の前歯で下唇を軽く噛む，または上の前歯を下唇に押し当てるようにして，そこに息を通して音（擦過音といいます）を出します。

/f/ が /f～～～/ と伸ばせるのと同様に，/v/ も /v～～～/ と伸ばすことができます。伸ばす際には母音をくっつけて「ヴウ～」などとはせず，下唇を前歯で押しながら必ず擦過音のみを伸ばして /v～～～/ と発音します。また日本語話者の場合，/b/ の音とも混同しがちです。/b/ は破裂音でストレートに音が出ますが，/v/ は擦過音ですので音が口の中から外に漏れ出すような感じに聞こえるはずです。この違いを意識すると良いかもしれません。

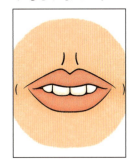 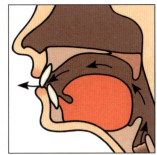

## イギリスの文化

【八百屋さん：fruit and vegetable shop】

このイラストに登場した Val's Fruit and Veg。ヴァル（女性の名前）の八百屋さんですね。野菜や果物を売るお店を英語で fruit and vegetable shop，または greengrocer といいます。

また，野菜や果物以外にも小麦粉や缶詰やパン，紅茶など簡単な食材や日用雑貨などを売るお店は grocery と言います。最近では大手のスーパーマーケットの勢力に押されて，こうしたお店を見ることも減ってしまいました。

一方で，ここ最近ではオーガニック野菜（有機野菜・自然野菜）が注目されていることもあり，野菜自体の質にこだわる商形態も見られます。

- 生産者から新鮮な野菜を契約しているお宅に配送してくれるサービス
- 地域の直販所（farmer's market）
- 野菜畑自体に客が入場し，自分で収穫した分だけお金を払う pick your own というシステム

# oo oo

第5グループ
2レッスンで指導

- cuckoo clock カッコウ時計（鳩時計）
- cuckoo カッコウ
- book 本
- moon 月
- look 見る
- foot 足

　ウーナ（Oona）ちゃんはアイビー（Ivy）おばあちゃんの家に行くのが大好き。おもしろいものがたくさんあって，おまけにネコのヌードル（Noodle）もいるから。中でも一番のお気に入りはカッコウ時計（cuckoo clock）。時間になると，時計の中からカッコウが飛び出して，「oo oo, oo oo」と鳴いて何時か教えてくれます。

　もうすぐ4時です。ウーナちゃんとネコのヌードルは時計の前で，今か今かと待っています。4時になりました。カッコウが「oo oo, oo oo」と言いながら飛び出ては戻ってと4回繰り返します。ウーナちゃんも一緒になって，4回「oo oo」と真似をしました。「oo oo!」

## 1 音の復習

s, a, t, i, p, n, c/k/ck, e, h, r, m, d, g, o, u, l, f, b, ai, j, oa, ie, ee, or, z, w, ng, v

## 2 おはなし

## 3 アクション

「カッコウ時計はどのように鳴いていましたか？」と聞き，体をやや後ろに反らせたときに「oo」（短い音），軽く前に倒したときに「oo」（長い音）と言います。

## 4 文字指導

文字自体は /oo//oo/ のどちらも既習の o を2つ書くだけです。ジョリーフォニックスでは，短く発音する /oo/ は細字の「oo」で，長く発音する /oo/ は太字で横に長めの「oo」で記しています。あくまでジョリーフォニックス教材の中での表記法であることを子供にも説明してください。

## 5 音の聞き取り

- /oo/：上段の3つのイラストを使って指導します。
  **book**（本），**hook**（鉤，フック），**bed**（ベッド）
- /oo/：下段の3つのイラストを使って指導します。
  **moon**（月），**ring**（指輪），**spoon**（スプーン）

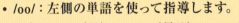
## 6 ブレンディング

- /oo/：左側の単語を使って指導します。
  3音：**foot**（足），**look**（見る），**good**（良い）
- /oo/：右側の単語を使って指導します。
  2音：**zoo**（動物園）
  3音：**soon**（すぐに），**moon**（月）

## 7 ディクテーション

- /oo/：四線の左側の部分を使って指導します。
  1. **book**（本），2. **cook**（料理する），
  3. **wood**（木材），4. **look**（見る）
- /oo/：四線の右側の部分を使って指導します。
  1. **room**（部屋），2. **food**（食べ物），
  3. **pool**（プール），4. **spoon**（スプーン）

## 8 歌

歌に合わせてアクションをします。（→ p.122）

## 発音の注意点

/oo/

この2文字で1つのダイグラフとなり，book の /oo/ という音（日本語の「ウ」に近い音）になります。但し，日本語の「ウ」に比べると，やや口を縦に開き，舌を少々後ろに引くような感じで発音するため，少し「オ」に近い音になります。

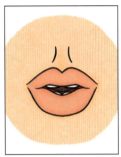
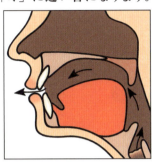

/oo/

この2文字で1つのダイグラフとなり，moon の /oo/ という音（日本語の「ウゥ」に近い音）になります。気をつけるポイントは，日本語の「ウ」よりも唇をしっかりと丸め，舌を /oo/ よりも後ろに引く感じで「ウー」と漫然と伸ばす音ではなく，「ウゥ」に近い音で発音する点です。「ムーン」というよりはむしろ「ムゥン」という発音に近くなりますので，注意してください。

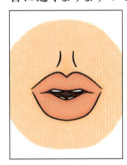
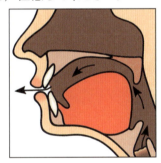

## イギリスの文化

【鳩時計：cuckoo clock】

今回のお話では cuckoo clock のアクションが紹介されましたね。ところで，この cuckoo clock，日本では鳩時計としておなじみですが，英語では cuckoo clock ＝カッコウ時計と呼ばれています。絵本のイラストを見ても時計から飛び出してきている鳥はカッコウです。

このカッコウ時計の発祥の地とされるドイツでもドイツ語でカッコウ時計と呼ばれていることから，日本に入ってきた際にカッコウが鳩に置き換えられたのではないかと言われています。カッコウの別名はカンコドリですから，その点を配慮したのかもしれませんね。

# Y y

第6グループ

- yummy おいしい
- yard 庭, ヤード(長さ)
- year 年
- yes はい, 肯定
- yacht ヨット
- yogurt ヨーグルト
- yolk 卵黄
- yo-yo ヨーヨー
- crayon クレヨン
- yellow 黄色

お昼です。ヤマール (Yamal) はサンドイッチをあっという間に食べ終えて、さっそくヨーヨー (yo-yo) で遊び始めました。
　ヤズミン (Yasmin) はバナナ味の黄色い (yellow) ヨーグルト (yogurt) を取り出してロン (Ron) に言います。「昨日、お母さんと一緒に買い物に行って見つけたの！　これとってもおいしいのよ！」。それを聞いたロンは「ほんとうにおいしそうだね。バナナ味のヨーグルトって食べたことがないんだ」と言ってきたので、ヤズミンは「じゃあ、一口食べてみる？」とロンに少し分けてあげることにしました。ロンは「やった！　ありがとう！　いただきま〜す」とスプーンでヨーグルトをすくいます。あ、でも、ゆっくりとスプーンを動かさないとこぼしちゃいそう。「緊張するなあ。y, y, y！　ゆっくりすくわないと落ちちゃうな。y, y, y！」

### 1 音の復習

s, a, t, i, p, n, c/k/ck, e, h, r, m, d, g, o, u, l, f, b, ai, j, oa, ie, ee, or, z, w, ng, v, oo, oo

### 2 おはなし

### 3 アクション

「スプーンでヨーグルトをすくって食べてみよう」と言いながら，スプーンを使ってヨーグルトを食べる真似をして「y, y, y」と言います。

### 4 文字指導

　uと同じように左上から下に降りて右に曲がったら，今度は右上からまっすぐ下に棒を書いていきます。その後，時計回りにくるっと書きます。

　yはpやgやjと同様，他の文字よりも下に飛び出している文字であることを意識させましょう。

### 5 音の聞き取り

yo-yo（ヨーヨー），cat（ネコ），
yogurt（ヨーグルト），yolk（卵黄）

　catは日本語では「キャ」と言うため /y/ があるように感じますが，実際は /y/ の音ではありません。

### 6 ブレンディング

3音：yes（はい），yak（ヤク），
　　　yell（叫び声をあげる）
4音：yelp（キャンキャン吠えたてる）

### 7 ディクテーション

1. yes（はい），2. yam（山芋），3. yen（日本円），
4. yelp（キャンキャン吠えたてる）

### 8 歌

歌に合わせてアクションをします。（→ p.122）

## 発音の注意点

　/y/ は日本語の「ユ」の音の前半部分に似ていますが，その音の前にわずかに「イ」の音が加わります。「ィユ」の最後の母音を消したような，現代日本語にはない音です。

　発音は口を軽く横に引く感じで舌の両横を上の白歯に押しつけて，上顎にぎりぎり触れそうなところまで押し上げます。舌先を少しだけ下げて小さな「ィ」の音を舌を緊張させながら発音し，その直後に舌を急激に下げて「ヤ」や「ユ」の前半部分の音を出します。喉が震える有声音です。/y/ を「イ」に置き換えて扱わないように注意が必要です。/y/ がしっかり聞き取れる発音になるよう指導してください。

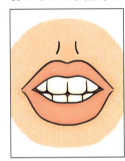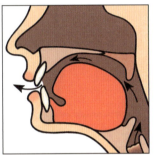

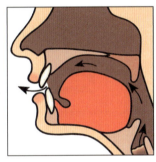

## イギリスの文化

【九九：time tables】

　壁に貼られた九九の表を見てください。日本の九九の表と何かが違いますね。

　まず，12の段まであること。これはイギリスで12進法が身近に使われていたことが大きな要因になっていると言われています。

　次に，かける数とかけられる数の順序が日本と逆になっていること。日本語では，「20円切手を3枚：20×3」というように，かける数（この場合は枚数）が後に来ます。一方英語では「Three 20 yen stamps：3×20」というように，かける数（この場合は枚数）が前に来ます。九九もそれぞれの言語に合うように作られているのでしょうね。

　また，左奥にある定規の単位もcmではなくfeetが使われています。

# X x

第6グループ

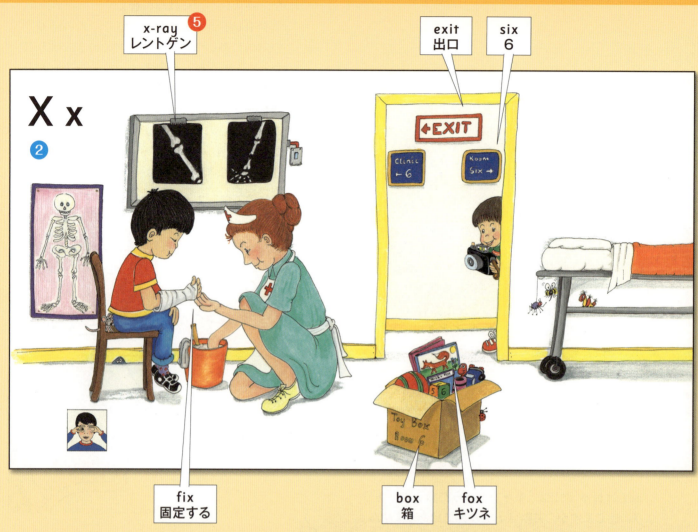

- x-ray レントゲン
- exit 出口
- six 6
- fix 固定する
- box 箱
- fox キツネ

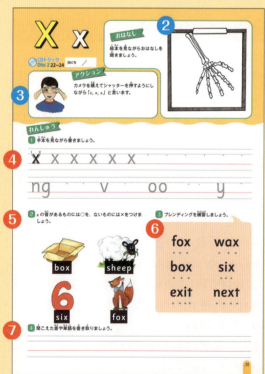

マックス（Max）とタイ（Ti）は庭で宇宙飛行士ごっこをして遊んでいます。宇宙人役のマックスは宇宙飛行士役のタイを追いかけ，木の上に逃げたタイは木から落ちて腕に怪我をしてしまいました。お父さんは急いで救急病院へ子供たちを連れて行きました。

タイはレントゲン（x-ray）を撮ってもらいます。看護師さんが「x，x，x，x」と撮る間，タイはじっと動かずに我慢しています。結局腕の骨が折れていることがわかりました。看護師さんはタイの腕にギブスをはめ，「骨がくっつくまで我慢してね」と言いました。

その間，元気なマックスは何をしていたと思いますか？ 実はカメラを持ってきていて「僕，救急病院初めて！」と興奮しながら「x！」とギブスをはめてもらっているタイを写します。「あれも！ x！ これも！ x！ x，x，x！」。目に入るものすべて写真を撮っていました。

## 1 音の復習

s, a, t, i, p, n, c/k/ck, e, h, r, m, d, g, o, u, l, f, b, ai, j, oa, ie, ee, or, z, w, ng, v, oo, oo, y

## 2 おはなし

## 3 アクション

「写真を撮るとき，どんな音がしましたか？」と聞き，カメラを構えてシャッターを押すようにしながら「x, x, x」と言います。

## 4 文字指導

左上から右下へ。一旦離して今度は右上から左下へと書きます。

## 5 音の聞き取り

box（箱），sheep（ヒツジ），six（6），fox（キツネ）

## 6 ブレンディング

3音：fox（キツネ），wax（蝋，ワックス），box（箱），six（6）
4音：exit（出口），next（次）

　exit の x は有声音の /gz/ という発音もありますが，ここでは無声音の /ks/ で発音するようにしてください。

## 7 ディクテーション

1. mix（混ぜる），2. fax（ファックス），3. text（文章），4. sixteen（16）

　/x/ という音は /ks/ なので，子供が mix を書くときに miks とつづることもあります。そのときは x が 1 文字で /k//s/ 2 つの音を表すことを説明してください。

## 8 歌

歌に合わせてアクションをします。（→ p.122）

### 発音の注意点

　x という文字（つづり）の音 /x/ は，既習の /k/ と /s/ をつなげた音 /ks/ です。いずれも無声音なので，喉は震えません。x の文字（つづり）は，ときによって /gz/ という音になることもありますが，ここでは触れません。

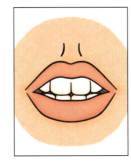 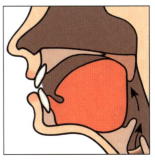

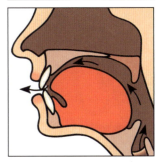

### イギリスの文化

**【救急病院：A&E】**

　怪我をしたタイをお父さんが連れて行ったのは，イギリスの病院の中でも「A&E（Accident & Emergency Department）」と呼ばれる救急病院で，事故などで怪我をしたときや緊急事態になった患者さんなどが運び込まれる場所で，他の呼び方として，ED（Emergency Department）や Casualty などとも言われています。

　イギリスの健康医療は /ai/ のページで登場しましたが，その際のお医者さんはかかりつけ医療の GP（General Practitioner）で，診療にはほとんどの場合予約が必要です。今回の A&E は緊急病院なので，予約は不要です。怪我をした際などには，直接窓口に出向いて基本的に無料で診療を受けることができます。

　ただし，診療の順位は緊急度順なので，軽度の場合には待っている間に緊急患者が入ることもあり，数時間〜半日以上待たされたりするケースも頻繁に耳にします。公立の病院の予算・人員不足の問題もあるようで，迅速なサービスとはとても言えない状況になっているのが現状のようです。

# ch

第6グループ

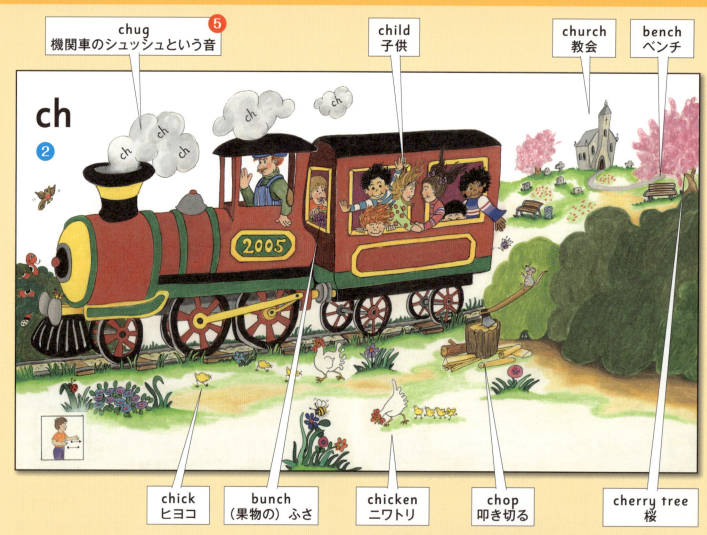

- chug 機関車のシュッシュという音
- child 子供
- church 教会
- bench ベンチ
- chick ヒヨコ
- bunch （果物の）ふさ
- chicken ニワトリ
- chop 叩き切る
- cherry tree 桜

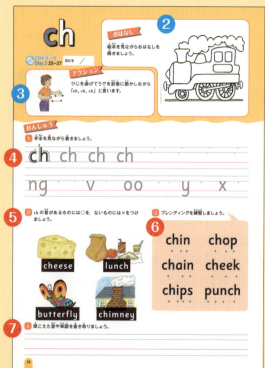

チャーリー (Charlie) のクラスでは輸送機関について勉強しました。まとめ学習として，交通博物館へ行くことになりました。子供 (children) たちが一番楽しみにしていたのは蒸気機関車。初めて見る蒸気機関車に大喜びです。早速，乗り込みます。「ch，ch，ch，ch…」動き出しました。煙突から蒸気が出て，「choo, choo!」と大きな汽笛がなります。

翌日，学校に戻った子供たちは昨日の蒸気機関車の真似をします。みんなで列になって腕を前後に動かして，「ch，ch，ch…」と機関車の排気の音を言いながら教室の中を動き回りました。「ch，ch，ch…」

**1 音の復習**

s, a, t, i, p, n, c/k/ck, e, h, r, m, d, g, o, u, l, f, b, ai, j, oa, ie, ee, or, z, w, ng, v, oo, oo, y, x

**2 おはなし**

**3 アクション**

「電車ごっこってどうやっていたかな？」と聞きながら，肘を曲げて腕を前後に動かしながら「ch, ch, ch」と言います。

**4 文字指導**

文字自体は既習の c と h の組み合わせです。

**5 音の聞き取り**

cheese（チーズ），lunch（昼食），butterfly（チョウ），chimney（煙突）

**6 ブレンディング**

3音：chin（顎），chop（叩き切る），chain（鎖，きずな），cheek（頬）
4音：chips（フライドポテト），punch（パンチ）

文字の下に音ボタンを書いて，それを指しながら読むように子供たちを支援すると良いでしょう。

**7 ディクテーション**

1. chat（おしゃべり），2. rich（豊かな），3. chick（ひよこ），4. bench（ベンチ）

**8 歌**

歌に合わせてアクションをします。（→ p.122）

## 発音の注意点

/ch/ は /t/ の音と似た破裂音です。舌先よりも少し後ろを上顎に当て，舌を弾いて口の中から舌と上顎の間に息を通らせて発音します。これは喉が震えない音，つまり無声音です。日本語の「チャ」の前半部分の音をごく短く発音するイメージですが，母音を伴わない音なので「チャ」や「チュ」と違って口を横に大きく広げたりすぼめたりせず，ほんのちょっとだけすぼめるようなつもりで発音するときれいな音が出せるようです。

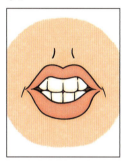 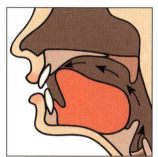

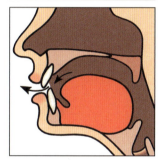

## イギリスの文化

【汽車の音：the sound of the train】

日本で汽車の音といえば「シュッシュッ，ポッポ」です。しかし，英語圏では汽車が動く音は「chug」と言い，ch, ch という音として表現されます。日本では「汽車ポッポ」という子供が使う単語がありますが，英語でもこれに対応するかのように「choo-choo」という幼児語があります。この単語にも汽車の音として使われる /ch/ という音が含まれています。

動物の鳴き声やさまざまな音などを表す言い方や単語は，国や言語によって少しずつ違ってきますし，ときには想像できないくらい大きく違う表現になることもあります。今回の汽車の音では，日本では「シュ」つまり /sh/ という音で表現されるのに対し，英語では /ch/ という音で表されていましたが，こういう違いを子供たちにしっかりと教えてあげてください。

# sh

第6グループ

- lampshade ランプのかさ
- shirt シャツ
- hush 静かにする
- cash 現金
- cashier レジ係
- shark サメ
- shelf 棚
- fish 魚
- sheep ヒツジ
- ship 船
- shop 店
- shoe 靴

　Shannon（シャノン）は生まれたばかりの赤ちゃん。お兄ちゃんのSam（サム）は妹のシャノンのことがかわいくてたまらないのですが、赤ちゃんのシャノンはほんとうによく泣きます。
　今日もお母さん（Mrs. Shaw）がシャノンを寝かせようとしていますが、なかなか寝てくれません。その間にサムはレジ（cash register）のおもちゃでお店屋さん（shop）ごっこをして遊び始めました。レジを打つと「チーン！」と大きな音がして引き出しが開きます。お母さんは「sh, sh, sh! シャノンがちょうど寝そうなの。静かにしてね」と人差し指を口の前に当てて言います。しばらく静かに遊んでいたのですが、またレジを打ったら「チーン！」と大きな音が！ またまたお母さんに「sh, sh, sh!」と注意されます。サムは「ごめん、ごめん」と言って静かに立ち上がり、音を立てないようにつま先歩きで「sh, sh, sh!」と言いながら部屋の外に出ていきました。

## 1 音の復習

s, a, t, i, p, n, c/k/ck, e, h, r, m, d, g, o, u, l, f, b, ai, j, oa, ie, ee, or, z, w, ng, v, oo, oo, y, x, ch

## 2 おはなし

## 3 アクション

「赤ちゃんが起きないように静かにしようね。sh, sh, sh」と言いながら、人差し指を唇の前で立てて、静かに発音します。

日本語の「しー！」の音とは違います。「発音の注意点」を参照ください。

## 4 文字指導

文字自体は既習のsとhの組み合わせです。

## 5 音の聞き取り

sheep（ヒツジ）, fish（魚）, shell（殻）, teddy（クマのぬいぐるみ）

## 6 ブレンディング

3音：shop（店）, fish（魚）, sheep（ヒツジ）, short（短い）
4音：brush（ブラシ）, fresh（新鮮な）

文字の下に音ボタンを書いて、それを指しながら読むように子供たちを支援すると良いでしょう。

## 7 ディクテーション

1. ship（船）, 2. shut（閉める）, 3. dish（皿）, 4. sheet（1枚, シーツ）

## 8 歌

歌に合わせてアクションをします。（→p.122）

### 発音の注意点

/sh/の音は/s/の音と同様に、舌と上顎の間から空気を漏らすようにして出す音です。ただし、/s/と比べると、唇に力を入れずにやや尖らせ、舌の中央部分をより下げて空気の通り道を作るようにして出す点が違います。また、この音は/s/の音と同様に無声音ですので、喉は震えません。日本語の「シュ」の音を、力を入れずに唇を意識的に尖らせた状態からゆっくりと言ってみてください。その発音の前半部分の息が抜ける音が/sh/の音になります。英語の発音では短く強めに「/sh/!」と言うと良いでしょう。ちなみに英語で「静かに！」というときには「Hush!」という単語を使います。

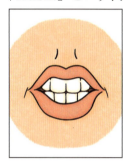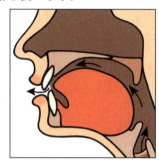

### イギリスの文化

【赤ちゃん：babies】

このお話では、赤ちゃんが寝ているから静かにしてね、とお母さんが子供に呼びかけながら/sh/という音を学習していきます。この/sh/という音、日本語でも同じアクション（人差し指1本を唇の前で立てて「しー」）ですね。ひょっとすると世界共通のアクションなのかもしれません。

さて、日本では赤ちゃんはお母さんと一緒に寝ることが多いですし、子供がある程度大きくなってからも親子一緒の布団で寝ることも普通に見られます。しかし、欧米では赤ちゃんのころから1人で寝る習慣を身につけさせることが多いようです。このあたりは文化や考え方の違いなのかもしれません。

たとえ親であっても子供と一緒に裸になってお風呂に入ることもありません。かといって親と子のスキンシップがないのかといえば、ハグもキスも普通にしますので、やはり日本とは違った価値基準であるということなのでしょうね。

また赤ちゃん用のベッドはイギリスではcot、アメリカではcribといい、ゆりかご式のものはcradleと言います。なお、このイラストにあるバスケット型のベッドはMoses Basketと言います。

# th th

第6グループ
2レッスンで指導

- mouth 口
- thin 細い
- cloth 布
- three 3
- feather 羽根
- moth 蛾
- clothes 服

　Matthew（マシュー）と Nathan（ネイスン）はサーカスを見に行きました。ジャグラーや綱渡りの芸が次々に披露されていきました。

　さあ，お行儀の悪いピエロが2人登場です！1人はヒョロッとしている細い(thin)ピエロ。もう1人はぽっちゃりした太っちょピエロ。最初に細いピエロが太っちょピエロの鼻をつまんで「アッカンベー」と舌を少しだけ出して「th, th, th」とはっきり聞こえる変な音を出してからかいます。すると太っちょピエロはもっともっと舌を突き出して「th, th, th」とあまり聞こえないけれどより変な音を出して応えます。お互いに th, th, th, th と音を出し合っているピエロを見て，みんな大笑いしています。「th, th, th!」「th, th, th!」

## 1 音の復習

s, a, t, i, p, n, c/k/ck, e, h, r, m, d, g, o, u, l, f, b, ai, j, oa, ie, ee, or, z, w, ng, v, oo, oo, y, x, ch, sh

## 2 おはなし

## 3 アクション

/th/:「細いピエロはどうからかいましたか?」と聞き、舌をちょっと出して「th」(有声音)と言います。
/th/:「太っちょピエロはどう応えましたか?」と聞き、もっと舌を出して「th」(無声音)と言います。

## 4 文字指導

文字自体は既習のtとhの組み合わせです。

## 5 音の聞き取り

- /th/:上段の3つのイラストを使って指導します。
  this(これ), feather(羽根), zoo(動物園)
- /th/:下段の3つのイラストを使って指導します。
  three(3), moth(蛾), frog(カエル)

## 6 ブレンディング

- /th/:左側の単語を使って指導します。
  3音:this(これ), that(あれ), them(彼ら・彼女らを)
- /th/:右側の単語を使って指導します。
  3音:moth(蛾), thick(厚い), three(3)

## 7 ディクテーション

- /th/:四線の左側の部分を使って指導します。
  1. this(これ), 2. then(それから), 3. with(一緒に), 4. smooth(滑らかな)
- /th/:四線の右側の部分を使って指導します。
  1. thin(細い), 2. math(算数), 3. thing(物、こと), 4. teeth(歯)

## 8 歌

歌に合わせてアクションをします。(→p.123)

## 発音の注意点

**/th/(有声音)**

少しだけ舌を出し、前歯でその舌を軽く噛みます。上前歯と舌の間に空気を通すつもりで音を出します。有声音ですので、喉を震わせて/th/の音を出します。最初はうまく音が出せないかもしれません。まずは、力まずにリラックスして練習してみてください。

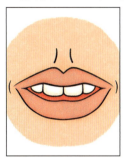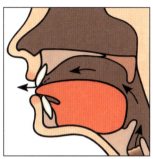

**/th/(無声音)**

こちらは/th/よりも舌をもっと長めに出して、同じように上前歯と舌の間から空気を出します。無声音ですので、こちらは息の音だけです。ティッシュなどを顔の前すれすれにたらし、/th/の音を出したときに口より高い位置に風が当たってティッシュが動くようなら大丈夫です。

どちらもしっかりと舌を出すことがポイントになります。恥ずかしがらずに発音しましょう。

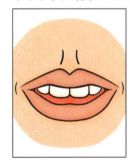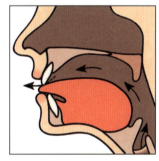

## イギリスの文化

【舌を出す:sticking one's tongue out】

今回のイラストは、お互いに「アッカンベー」と侮辱しあうことでお客さんを笑わせるピエロが主人公です。日本では目を下に引っ張って赤い部分を見せながら同時に舌を出すのが一般的なようですが、舌を出すという行為自体が下品な行為の1つと見なされているようです。

実はこの舌を出すという行為は、イギリスでも下品な行為の1つと考えられているようで、人に向かって決してしてはいけない行為だと注意されます。学校でこのthの音を指導する際には「唯一私たちが人に向かって舌を見せてもいいときなのよ」と先生が言うくらいなのです。

# QU qu

第7グループ

- quarrel けんか，仲違い
- quack ガーガー鳴く，ガヤガヤしゃべる
- squirrel リス
- liquid 液体の，流動的な

Quentin（クウェンティン）は公園へ行くのが大好きです。余ったパンを持っていって，公園にいるカモやリス（squirrel）たちにあげるのです。

この日もたくさんのパンを手に公園に行きました。するとパンの袋を持ったクウェンティンの姿を見たカモたちも「qu! qu! qu!」と大きな鳴き声（quack）を上げながら近づいてきます。その姿を見たクウェンティンはついつい真似したくなって，両手をカモのくちばしのように前に出して「qu! qu! qu!」と声を上げます。

## 1 音の復習

s, a, t, i, p, n, c/k/ck, e, h, r, m, d, g, o, u, l, f, b, ai, j, oa, ie, ee, or, z, w, ng, v, oo, oo, y, x, ch, sh, th, th

## 2 おはなし

## 3 アクション

「みんなもカモの真似をしてみよう。qu, qu, qu」と言いながら，両手をカモのくちばしに見立てて上下に動かして発音します。

## 4 文字指導

aの文字と同じように，右上からcを書いて始点に戻り，そのまま下にまっすぐ降りていきます。この縦棒はpと同じように一番下までおろします。

qは英語では必ずuを伴ってつづられます（例外は固有名詞のみ）。そのため，quでダイグラフとなります。

## 5 音の聞き取り

queen（女王），squirrel（リス），map（地図），question（疑問）

## 6 ブレンディング

3音：quiz（クイズ），queen（女王），quick（動きの速い）
4音：quilt（キルト），squid（イカ）
5音：liquid（液体の）

文字の下に音ボタンを書いて，それを指しながら読むように子供たちを支援すると良いでしょう。

## 7 ディクテーション

1. quit（やめる），2. quail（うずら），
3. quack（ガーガー鳴く），4. quest（冒険の旅）

## 8 歌

歌に合わせてアクションをします。（→ p.123）

## 発音の注意点

この /qu/ という音は /kw/ という音になります。/w/ の音が含まれていることに注意してください。具体的には，/k/ の発音をする際に唇を前に突き出して発音し，そこからすぐに /w/ の音につなげることを意識して発音させます。

例えばqueenという発音。これはquのところで唇をしっかりと前に突き出してwの音を意識して発音しないと通じません。そうしないとcreamと間違えられてしまうこともあります。また，指導するときにカモの声に似せて高い声で /qu/ と言ってしまいがちですが，子供もこの高い声に慣れてしまうと，ブレンディングするときにquの部分だけ声が高くなってしまうので気を付けてください。

 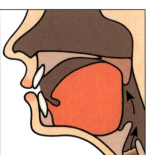
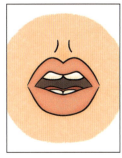 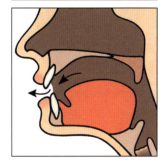

## イギリスの文化

【野鳥：wild birds】

イギリスでは余ったパンをカモにあげている子供や家族の姿をよく見かけます。カモ以外にもアヒルやバン（ヨーロッパの水鳥），サギ，白鳥もよく見かけます。

白鳥は，イギリスでは「女王の所有物」と言われています。実は中世のころには王室で白鳥が食用として珍重されており，王室以外の人たちが白鳥を食べてしまわないよう管理する必要があったようです。今では白鳥を食べる習慣は廃れましたが，管理団体が健康状態などをチェックしている個体以外は，白鳥は王（女王）の所有物ということになっているそうです。

# ou

第7グループ

- shout 大きな声を出す
- couch 長椅子
- cloud 雲
- out 戸外
- house 家
- ouch 痛っ
- mouse ネズミ

　Emily（エミリー）はおばあちゃんの家（house）にお泊りに行きました。おばあちゃんは裁縫が得意です。エミリーも裁縫に挑戦しました。

　布に針を通して丁寧に縫っていきますが、「ouch! 痛っ！」。針で指を刺してしまい、思わず叫んでしまいました。「気を付けてね」とおばあちゃんが言います。気を付けて縫っていきますが、またまた「ou! ou!」。また針で刺してしまいました。初めてのお裁縫でしたが、最後には茶色のネズミ（mouse）の刺繍の付いた小さなコースターができました。「ちょっと痛くて ou! ou! って言っちゃったけど、お母さんにプレゼントするの！」とエミリーも喜んでいました。

## 1 音の復習

s, a, t, i, p, n, c/k/ck, e, h, r, m, d, g, o, u, l, f, b, ai, j, oa, ie, ee, or, z, w, ng, v, oo, oo, y, x, ch, sh, th, th, qu

## 2 おはなし

## 3 アクション

「針が指に刺さっちゃったね！ ouch! ou! ou!」と言いながら，片方の人差し指を針に見立てて，もう片方の親指を刺す真似をしながら発音します。

## 4 文字指導

文字自体は既習のoとuの組み合わせです。

## 5 音の聞き取り

cloud（雲）, cheese（チーズ）,
house（家）, mouth（口）

## 6 ブレンディング

2音：out（戸外）
3音：shout（大声を出す），mouth（口）
4音：cloud（雲），proud（誇りに思う），count（数え上げる）

文字の下に音ボタンを書いて，それを指しながら読むように子供たちを支援すると良いでしょう。

## 7 ディクテーション

1. ouch（痛い），2. loud（声が大きい），
3. sound（音），4. south（南）

## 8 歌

歌に合わせてアクションをします。（→ p.123）

## 発音の注意点

out, house, cloud などのように2文字で「アゥ」の1音になります。発音の前半は /a/ と同じで，そこから滑らかに /oo/（短い音）へと移行します。2つの別々の音ではなく，1つの連続した音という意識を持って発音するように指導します。

アクションを利用して「本当に痛いときのように"ouch!"と口を大きく広げて大げさに発音してみよう」と指導すると定着しやすいようです。

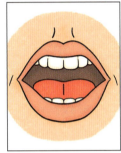 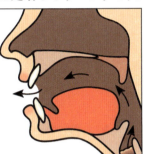
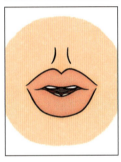 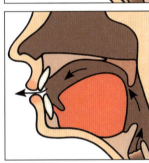

## イギリスの文化

【痛い！：ouch!】

お話の中でエミリーは針で親指を刺してしまって「Ouch!」「Ou!」と言っていましたね。この表現は「痛っ！」とか「あいたっ！」などと同じように口をついて出る言葉です。では実際に痛みを説明するときによく使われる言い方にはどのようなものがあるでしょうか。

1) ache：headache（頭痛），stomachache（胃痛），toothache（歯痛）など，主に継続する局所的な鈍い痛みに対してよく使われます。

2) pain：sharp pain（鋭い痛み），dull pain（鈍い痛み），throbbing pain（ズキズキする痛み），gripping pain（おなかがしくしくする痛み）など，痛み全般に使われる言い方です。

3) sore：sore throat（喉の痛み），sore muscle（筋肉痛）など，炎症などでひりひりするような痛みに使われます。

こうやって見ると，しくしく，ズキズキ，チクチク，ヒリヒリなど，擬音語を使った言い回しで微妙な痛みを言い表せる日本語というのは便利な言語なのかもしれませんね。

# oi

第7グループ

- point 先端，位置
- oi! おい！
- boil 沸騰する
- oil 油

　ロイ（Roy）のお父さんは小さな船を持っています。夏の間は，ロイも一緒に船に乗せてもらいます。

　ある日，ロイとお父さん，そしておじさんも一緒に船に乗っていました。気持ちがいいなぁ…と海風に当たっていたら，ドン！　と突然大きな音がしました。海に大きなオイル（oil）缶が浮いていて，そこに船がぶつかってしまったようです。「大変だ。船に穴が開いてしまった！　沈むぞ！」。運良く，ちょうど近くを船が通りかかったのが見えました。お父さんとおじさんとロイの3人は大きな声で「oi! おい！　そこの船！」と声をかけました。

　でも，声が小さくて聞こえません。「oi! oi! oi!」と何度も叫んで，ようやく「oi! おい！　そこの船！　どうした！？」と返事がありました。すぐにその船が港まで引っ張っていってくれたので，穴の空いたお父さんの船は沈まずにすみました。

## 1 音の復習

s, a, t, i, p, n, c/k/ck, e, h, r, m, d, g, o, u, l, f, b, ai, j, oa, ie, ee, or, z, w, ng, v, oo, oo, y, x, ch, sh, th, th, qu, ou

## 2 おはなし

## 3 アクション

「さあ，船の助けを呼ばなくちゃ！oi! oi! oi!」と言いながら，メガホンのように口の周りに手を当てて，叫ぶ真似をするようにしながら発音します。

## 4 文字指導

文字自体は既習のoとiの組み合わせです。

## 5 音の聞き取り

train（列車），boil（沸騰する），point（指差す），oil（油）

## 6 ブレンディング

2音：oil（油，石油）
3音：join（結合する），soil（土，土壌），
　　　foil（金属の薄片）
4音：point（指差す），joint（関節）

文字の下に音ボタンを書いて，それを指しながら読むように子供たちを支援すると良いでしょう。

## 7 ディクテーション

1. oil（油），2. coin（硬貨），3. boil（沸騰する），4. moist（湿気のある）

## 8 歌

歌に合わせてアクションをします。（→p.123）

## 発音の注意点

/oi/ は既習の /o/（イギリス英語）と /i/ をくっつけて1つの音になったような発音となります。発音のポイントも /o/ と /i/ の単独の音と同様に，/o/ は日本語の「お」よりやや大げさに言うつもりで，/i/ は前歯を噛みしめず軽く開けて発音します。カタカナ表記にすると「オイ」に非常に近いのですが，決定的な違いは英語ではこれを1つの音と認識しているという点です。そのため，必ず /o/ の発音から /i/ の発音へとすばやくスムーズにつなげていくことになります。日本語のように「オーイ」という伸ばし方になることはありません。

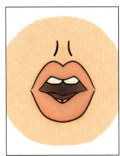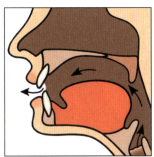
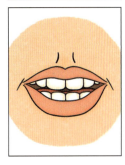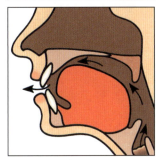

## イギリスの文化

【ウォータースポーツ：water sports】

イギリスは日本と同じように海に囲まれた国です。緯度が高いためか海水の温度は低く，気温も上がらないことあいまって，夏でもウェットスーツなしでは長時間泳ぐこともできませんが，意外とサーフィンやウィンドサーフィンなどのウォータースポーツが盛んなのです。

また，イギリスは地形的に急流や渓流などは少ないのですが，reservoir と呼ばれる広大な貯水池を利用して，sailing（セイリング）や canoe（カヌー），kayak（カヤック），boat（ボート）などのウォータースポーツも盛んに行われています。こうしたボートレース全般を regatta と言いますが，オリンピックでもこれらの競技は行われていて，イギリスもメダルを取得している種目ですね。人気のほどがわかります。

# ue

第7グループ

- hue 色合い，色調
- barbecue バーベキュー
- value 価値，等級
- cue ビリヤードの突き棒

　さぁ，今日はサミュエル（Samuel）のお誕生日です。今年はお友達を家に招待して，手品を楽しんでもらうことにしました。手品師はカードで手品をしたあと，子供たちに前にきて手伝ってくれるよう聞きます。手品師はサミュエルを指して「ユー（you），君だよ」と言います。そして「君は今日の主役なんだから，手伝ってくれないかね？」と続けます。「ぼく？」とサミュエルが聞くと，子供たちはみんなそろって「you! you! 君だよ！」と叫びます。サミュエルが魔法の杖を振って，「ue, ue, ue」と言うと，ちょうどそれに合わせてウサギが手品師のテーブルの下から飛び出てきました！手品の後，みんなは外に出て，バーベキュー（barbecue）を楽しみました。

※ 英語では，「あなた，君」のことを you ということを先に説明しておきます。

## 1 音の復習

s, a, t, i, p, n, c/k/ck, e, h, r, m, d, g, o, u, l, f, b, ai, j, oa, ie, ee, or, z, w, ng, v, oo, oo, y, x, ch, sh, th, th, qu, ou, oi

## 2 おはなし

## 3 アクション

「手品師が英語で『あなた，君』のことを何て言っていたかな？ ue, ue」と言いながら，話している相手を見て指さしながら発音します。

## 4 文字指導

文字自体は既習のuとeの組み合わせです。

## 5 音の聞き取り

drum（太鼓），cube（立方体），unicorn（ユニコーン），barbecue（バーベキュー）

cube, unicorn はどちらも ue のつづりを含みませんが，/c-ue-b/, /ue-n-i-c-or-n/ という /ue/ の音を含んでいます。これらは同音異綴りとして学習するものです。

## 6 ブレンディング

3音：fuel（燃料）
4音：value（価値，価格），
5音：statue（銅像），rescue（助ける）

文字の下に音ボタンを書いて，それを指しながら読むように子供たちを支援すると良いでしょう。

## 7 ディクテーション

1. cue（合図），2. fuel（燃料），
3. value（価値，価格），4. statue（銅像）

## 8 歌

歌に合わせてアクションをします。（→ p.123）

## 発音の注意点

ue というつづりの基本の音は /y/ の音と /oo/ の音の組み合わせで出す音で，これも1つの連続した音です。ついカタカナでいう「ユー」のような平坦な発音になってしまいがちです。

発音の前半は /y/ と同じで，「ィユ」の最後の母音を消したような，現代日本語には無い音です。そこから滑らかに /oo/（長い音）へと移行していきます。決して2つの別々の音ではなく，1つの連続した音という意識を持って発音するように指導します。指導する側は，この音の指導の前に /y/ と /oo/ の発音の注意点をもう一度確認してから指導すると良いでしょう。

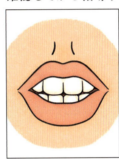 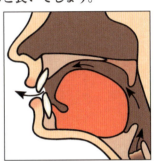
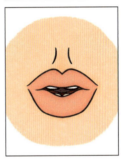 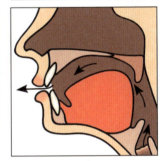

## イギリスの文化

**【誕生日会3：birthday party 3】**

イギリスでは誕生日にちょっとした「イベント」がたびたび見られます。今回のイラストでは自宅に手品師を呼んで，手品をしてもらっています。他にもピエロや大道芸人，子供の好きなアニメのキャラクターなどを呼ぶこともあります。DJを呼んで音楽をかけたり，メイクさんを呼んで顔にペイントしたり，コスプレしたり…。とても楽しそうです。

公民館などの場所を借りることもあります。子供の誕生日会を受け入れてくれる専用の施設やファストフード，異色なところでは教会や農場などでもパーティーを開催するようです。また，仲のいい子供数人だけで行きたいところ（映画館，ネイルサロン，スケート場など）に行ったり，お友達の家でお泊り会にしたりすることもあります。パーティー好きですね。

# er

第7グループ

- mother 母
- sister 姉・妹
- gingerbread man ジンジャーブレッドマン
- brother 兄・弟
- spider クモ
- mixer ミキサー
- counter カウンター
- herbs ハーブ
- caterpillar イモムシ

バート（Bert）は学校でジンジャーブレッドマン（gingerbread man）のお話を聞きました。どうしても食べたくなったので，お母さんとお姉さんのジェニファー（Jennifer）に手伝ってもらってジンジャーブレッドマンを作ることにしました。

ボウルにバター（butter），砂糖，小麦粉，卵，生姜（ginger）の粉を入れて電動ミキサー（mixer）で混ぜます。er，er，er。ものすごい勢いで粉が混ざっていきます。「er，er，erってすごい音だね！」

混ざった生地を伸ばして，人型にくり抜いて，オーブンで焼きます。この間もバートとジェニファーは電動ミキサーのように手をぐるぐる回しながら「er，er，er」とふざけあっています。焼きあがったジンジャーブレッドマンに顔と蝶ネクタイ，ボタンを書いてできあがり！明日，先生に持っていくことにしました。

108

## 1 音の復習

s, a, t, i, p, n, c/k/ck, e, h, r, m, d, g, o, u, l, f, b, ai, j, oa, ie, ee, or, z, w, ng, v, oo, oo, y, x, ch, sh, th, th, qu, ou, oi, ue

## 2 おはなし

## 3 アクション

「電動ミキサーが音を立てて回るよ！ er! er! er!」と言いながら，手を体の前でミキサーの動きを真似するように回して，モーターの唸る音を発音します。

## 4 文字指導

文字自体は既習のeとrの組み合わせです。

## 5 音の聞き取り

spider（クモ），tiger（トラ），herbs（ハーブ），kite（凧）

herbのhは通常読みませんが，/h/の音で発音するのも正しい読み方の1つです。

## 6 ブレンディング

2音：her（彼女の，彼女に，彼女を）
3音：verb（動詞）
4音：river（川），letter（手紙），runner（走者）
5音：winter（冬）

文字の下に音ボタンを書いて，それを指しながら読むように子供たちを支援すると良いでしょう。

## 7 ディクテーション

1. her（彼女の，彼女に，彼女を），2. fern（シダ），3. under（下に），4. sister（妹，姉）

## 8 歌

歌に合わせてアクションをします。（→ p.123）

## 発音の注意点

/er/の前半の音は口を軽く開けて「あ〜…なんだっけ…？」というときの最初の部分のような曖昧な音の発音となります。アでもなくエでもなく，曖昧な音です。実はジョリーフォニックスの初版では子供が頭をトントンとたたきながら/er/と発音するイラストでした。ただし，少しだけ口先を尖らせるよう意識します。この音の後，アメリカ英語では/r/の発音に滑らかに移行していきます。一方でイギリス英語の場合には/r/の音には移行せず，その前半の音をやや強めに長く発音するだけとなります。

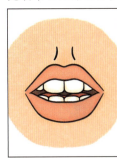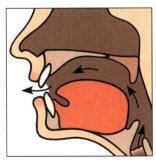

## イギリスの文化

【ジンジャーブレッドマン：gingerbread man】

ジンジャーブレッドマンは有名なおとぎ話の1つです。

「ある日，おばあさんがジンジャーブレッドマン（人の形をした生姜入りのクッキー）を焼きました。すると突然そのクッキーが動き出し，『僕を食べないで！』と走って逃げ出しました。おばあさんやおじいさん，ブタ，ウシ，ウマ…みんな追いかけますが，ジンジャーブレッドマンは足が速く，誰も追いつけません。『ほら，もっと速く走って！ 捕まりっこないさ！ 僕はジンジャーブレッドマン！』と笑いながら走って逃げます。

ところが道は行き止まり。川を越えないといけません。でもジンジャーブレッドマンは水に濡れると体が崩れてしまいます。そこに登場したのがキツネです。『背中に乗りなよ，向こう岸まで連れて行ってあげる』とジンジャーブレッドマンを乗せて川を渡り始めます。途中で水かさが深くなると『濡れちゃうよ，頭の上においで！』頭の上に移ります。もっと深くなったところでキツネは『鼻の先においで，濡れないように！』と鼻先を高く上げました。ジンジャーブレッドマンが鼻先に乗ったとたん『パクッ！』。ジンジャーブレッドマンはキツネに食べられてしまいました。」

# ar

第 7 グループ

- mooring pillar 停留柱
- harbor 港
- bark 吠える
- park 公園
- farm 農場
- starfish ヒトデ
- corn barnacle フジツボ
- shark サメ
- car 車

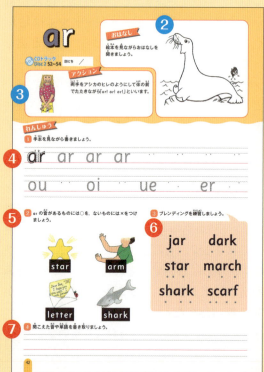

スマート（Smart）一家は海の近くに休暇に来ています。近くの農場（farm）へ行ったり，浜辺でヒトデ（starfish）を探したり，水族館でサメ（shark）を見たりして，とても楽しいお休みです。

今日はお母さんと妹たちはおみやげを買いに市場に，チャーリー（Charlie）とお父さんは港へと，それぞれ別行動です。お父さんは港でアシカの絵が描かれた看板を見つけました。「アシカを見に行くツアーがあるんだね。明日みんなで行こうか」。お父さんがそう言ったとき，すぐ近くで「ar! ar! ar!」という吠え声が聞こえました。岩の上に1頭のアシカがいて「ar! ar! ar!」と楽しそうに声を上げています。「あ！ アシカだ！」チャーリーはうれしくなって，両手をアシカのヒレのようにして体の前で叩きながら「ar! ar! ar!」と真似をします。「ar! ar! ar!」

## 1 音の復習

s, a, t, i, p, n, c/k/ck, e, h, r, m, d, g, o, u, l, f, b, ai, j, oa, ie, ee, or, z, w, ng, v, oo, oo, y, x, ch, sh, th, th, qu, ou, oi, ue, er

## 2 おはなし

## 3 アクション

「アシカのようにヒレを叩いてみよう！ ar, ar, ar」と言いながら，両腕を体の前で叩きます。

## 4 文字指導

文字自体は既習の a と r の組み合わせです。

## 5 音の聞き取り

star（星），arm（腕），letter（手紙），shark（サメ）

## 6 ブレンディング

2 音：jar（広口瓶）
3 音：dark（暗い），star（星），march（行進する），shark（サメ）
4 音：scarf（スカーフ）

文字の下に音ボタンを書いて，それを指しながら読むように子供たちを支援すると良いでしょう。

## 7 ディクテーション

1. car（車），2. park（公園），3. farm（農場），4. start（開始する）

## 8 歌

歌に合わせてアクションをします。（→ p.123）

## 発音の注意点

前半はアメリカ英語の /o/ の音です。日本語の「あ」のように軽く開き，お医者さんに喉の奥を見せるときのように舌の奥を下げたまま緊張を保って発音するようにします。

後半は /r/ に近いような音にスムーズに移行していきます。喉の緊張を解いて舌の奥を盛り上げ，軽く /r/ の音を出すようにします。ただし，完全な /r/ の音を出してしまうとものすごく不自然な音に聞こえますので，あくまで「軽い /r/ のような音」にすると良いでしょう。

イギリス英語版の絵本では，/ar/ と言いながらお医者さんに喉を見てもらうお話です。イギリス英語では /r/ を発音しないため，この喉の奥を見せながら発音するというのはとてもわかりやすいです。この音を短くした音がアメリカ英語の /o/ です。

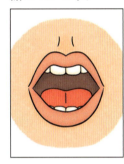 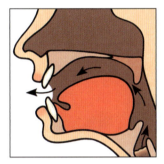

## イギリスの文化

【アシカ：seal, sea lion】

海辺のお話は f に続き 2 つめです。このお話しのスマート一家のように海の近くに週末に訪れることはとてもよくあります。たとえ海に入らなくても海辺近くの農場（farm）や動物保護施設（animal sanctuary）など，動物と触れ合う場所が多くあります。

海へ行くとこのイラストのようにアシカ（seal, sea lion）に遭遇することもあります。野生なので人が触れるところまではやってきませんが，人が泳いでいるすぐ近くまで近づいて来ることもあります。日本でもアザラシは人気があるように，イギリスでもやはり人気の動物です。ちなみに，アシカやアザラシの子供は子犬のように pup（puppy）と言います。

# step up 1　読み書きの練習

- 1音ごとに線が書かれており，ダイグラフは長めの線になっています。
- 絵に当てはまる単語は以下の通りです。
  mixer（ミキサー），queen（女王），chin（顎），hen（雌鶏），sun（太陽），ant（アリ），wood（木材），six（6），ring（指輪）

## 4　ブレンディングの練習

　以下の単語を紙か黒板に書き，子供と一緒にブレンディングをします。子供の様子を見ながら，単語の量や提示する単語を調整してください。ここでは一例を紹介します。
quit（やめる），throat（喉），rubbish（ゴミ），ostrich（ダチョウ），mix（混ぜる）

## 5　文を読む練習

　以下の文を紙か黒板に書き，単語をブレンディングして子供と一緒に文を読みます。
　**Cats sleep.**
　ネコは寝ます。
　**Rabbits hop.**
　ウサギは跳ねます。
　**Chicks run.**
　ヒヨコは走ります。
　**Goats jump.**
　ヤギはジャンプします。

　上記文はすべてcanやcannotを加えることも可能です。なお，すべての文を読む必要はありません。授業の時間や子供の様子に合わせて調整してください。

　子供はまだ大文字を習っておらず，文頭の大文字に戸惑うこともあります。そこで，「英語の文字には小さい文字（小文字）と大きい文字（大文字）があります。文の最初は大文字を使います。分からないところは一緒に読みましょう」と言って，支援をしてください。なお，大文字は42音の学習の次の第2段階で扱います。

## 1　復習

- フラッシュカードで42音を復習します。

## 2　短母音を含む単語を読む練習

- 子供は額の下に書かれている単語（ant アリ，van バン，cup カップ）を読んで，その単語の絵を額の中に書きます。

## 3　短い単語を書く練習

- 子供は絵を見て，自分でその単語を言います。単語が分からなければ，指導者がその単語を言い，子供にそれぞれの音を聞いて，その文字を書かせます。
- 最初の行は書いてある文字をなぞり，空いている1音（ダイグラフ）を書きます。
- 次の行からは単語を言い（または聞いて），何の音でできているかを聞き，それぞれの音を線の上に表します。

# step up 2　ひっかけ単語

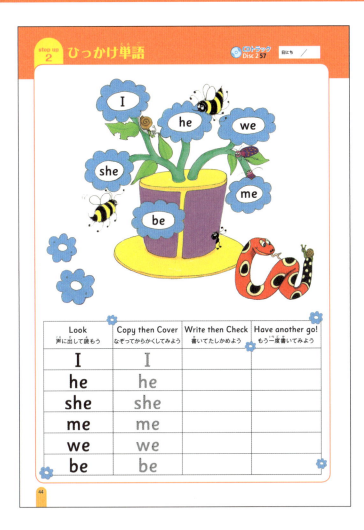

## 1　復習

・フラッシュカードで42音を復習します。

## 2　ひっかけ単語

・単語の中には，音をそのまま文字に表せないものがあり，それらを tricky words（ひっかけ単語）ということを説明します。
・これらの単語を覚えるには，その単語の中のどの部分が「ひっかけ」になっているのかを探して，そこを覚えるように子供に伝えます。
・ここでは，I（私は），he（彼は），she（彼女は），me（私を，私に），we（私たちは），be（be動詞の原形）の6つを紹介します。子供たちは青い花の中に書かれている単語を見ます。
・iという文字はシャイ（恥ずかしがり屋）なので，それ単独で文字として登場するときは，自分自身を大きく膨らませて，大文字になっているため I は大文字で書くことを説明します。
・各単語の最後に書かれている1つだけの e を色を変えて書き，「本当ならここは ee となっていないといけないけれど，1つだけですね」と言いながら，/ee/ の音になっている部分が「ひっかけ」部分であることを伝えます。

## 3　見て，隠して，書いて，確かめる

・最初のひっかけ単語 I を子供に紹介する。表の中の I を見て，「I」と言います。
・文字の名前で単語を読みます。
・子供は薄い色で書かれた単語をなぞります。
・I と書かれている部分を紙などで隠して，次の欄に I と書きます。
・自分で I と書いたら，つづりがあっているかどうか，確認をします。
・もう1度，すべての I と書かれている部分を隠し，最後の欄に I と書いてみて，確認をします。
・このステップを he，she，me，we，be でも繰り返します。

## 4　ブレンディングの練習

以下の単語を紙か黒板に書き，子供と一緒にブレンディングをします。
joint（関節），winner（勝者），cartoon（漫画），thorn（とげ），sound（音）

## 5　文を読む練習

以下の文を紙か黒板に書き，ひっかけ単語に注目させます。単語をブレンディングして，子供と一緒に文を読みます。
　I swim.
　私は泳ぎます。
　We jump.
　私たちはジャンプします。
　He sits.
　彼は座ります。
　She sleeps.
　彼女は寝ます。
　He can run.
　彼は走ることができます。
　She can stand.
　彼女は立つことができます。
・I と we，he と she は入れかえが可能です。

# step up 3　読み書きの練習

## 1 復習

- 42音の復習を行います。
- フラッシュカード，またはWall flowersを使って，I, he, she, me, we, beの復習を行います。

## 2 短母音を含む単語を読む練習　Disc2 58

- 子供たちと一緒に絵を見て，それぞれの絵の単語を言います。
- それぞれの単語の音をよく聞き，絵の下にある下線にその音を書いていきます。
- 1音ごとに線が書かれており，ダイグラフは長めの線になっています。
- 単語は以下の通りです。
  moth（蛾），tree（木），star（星），fish（魚），boat（舟），moon（月），snail（カタツムリ），flag（旗），nest（巣）

## 3 短い文を読む練習　Disc2 59

- ひっかけ単語なしの文を書いたり読んだりすることのほうが珍しいくらい，ひっかけ単語の多くは頻出単語です。
- これまで小文字を読み書きすることに集中してきましたが，文の最初は大文字で書くことになっているため，文の最初の大文字を指さしながら子供に文の最初は大文字であることを示します。
- 大文字のTとIを指して，それぞれ /t/ と /i/ のページにある大文字を見せながら，大文字であることを伝えます。
- 子供は文を読んで，それに合う絵を額の中にかきます。
- 文は以下の通りです。
  This※ is me.　これは私です。
  I can run.　私は走ることができます。
  ※isは次のページで学習しますので，ここではisもひっかけ単語であることを伝えます。

## 4 ブレンディングの練習

以下の単語を紙か黒板に書き，子供と一緒にブレンディングをします。
thanks（感謝），quick（素早い），footsteps（足跡），yes（はい），coffee（コーヒー）

## 5 文を読む練習

以下の文を紙か黒板に書き，ひっかけ単語に注目させます。単語をブレンディングして，子供と一緒に文を読みます。
I am Tamiko.
私はたみこです。
Look at me.
私を見て。
Mom sits with me.
お母さんは私と座ります。
Dad cooks for me.
お父さんは私にご飯を作ってくれます。
We bring three books.
私たちは本を3冊持ってきます。
I will be good at tennis.
私はテニスが得意になるでしょう。

# step up 4　ひっかけ単語

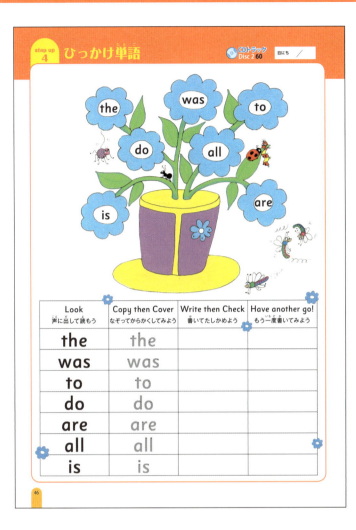

## 1 復習

- 42音の復習を行います。
- フラッシュカード，または Wall flowers を使って，I, he, she, me, we, be の復習を行います。

## 2 ひっかけ単語

- the（その），was（am, is の過去形），to（〜へ），do（〜する），are（be動詞2人称現在形），all（すべて），is（be動詞3人称単数現在形）を紹介します。青い花の中にあるこれらの単語を見て，一緒に読みます。
- the では /th/ の部分はそのまま th と書かれていますが，e の部分がひっかけ部分になっています。
- was を教えるときは，まずは音通りにブレンディングさせ，これは /w//a//z/ ではなく，/wəz/（米）または /woz/（英）になることを伝えます。
- to と do を指して，単語の最後は /oo/ の音だけれど，1つだけ o を書くことを伝えます。
- /ar/ という音は，ar と書くけれど，ひっかけ単語としてこの音が聞こえたら，最後に e をつけて，ひっかけ単語になることを説明します。
- 子供に all の読み方を指導します。ball, call, tall など，all のつづりを含む単語も紹介します。
- is は s の部分が /z/ の音になるためにひっかけ単語になります。

## 3 見て，隠して，書いて，確かめる

- 最初のひっかけ単語 the を子供に紹介します。表の中の the を見て，「the」と言います。
- 子供は薄い色で書かれた単語をなぞります。
- the と書かれている部分を紙などで隠して，次の欄に the と書きます。
- 自分で the と書いたら，つづりがあっているかどうか，確認をします。
- もう一度，すべての the と書かれている部分を隠し，最後の欄に the と書いて確認をします。
- これを was, to, do, are, all, is でも繰り返します。

## 4 ブレンディングの練習

以下の単語を紙か黒板に書き，子供と一緒にブレンディングをします。
took（take の過去形），toadstool（からかさ型のキノコ），dinner（昼，または夜にとる主要な食事），coin（小銭），sharper（よりとがった）

## 5 文を読む練習

以下の文を紙か黒板に書き，ひっかけ単語に注目させます。単語をブレンディングして，子供と一緒に文を読みます。

He is Hiroshi. 彼はひろしです。
We are clever. 私たちはおりこうです。
She is bad at swimming.
彼女は泳ぐのが苦手です。
He was in the bedroom.
彼は寝室にいました。
All the crabs are red.
すべてのカニは赤色です。

# step up 5　読み書きの練習／ひっかけ単語

### 1 復習

- 42 音の復習を行います。
- フラッシュカード，または Wall flowers を使って，I, he, she, me, we, be, the, was, to, do, are, all, is の復習を行います。

### 2 CVC 単語を読む

- ページの上の段にある単語と絵を見ます。
- 指導者は最初の単語 cat を読んで，ネコの絵と線を結びます。
- 子供は残りの単語を読んで，それに対応する絵と線を結びます。
- ここにある単語はすべて短母音を含む CVC（子音 - 母音 - 子音）の単語です。
- 単語と絵を結ぶことができたら，絵に色を塗ります。

### 3 ひっかけ単語探し

- 下段の表の周りにあるひっかけ単語の花の中の単語を見て，子供と一緒に単語を読みます。
- 子供に表の中にあるひっかけ単語を探し，薄く青色で塗るように伝えます。
- 表の中にある単語を見つけたら，同じ単語の花を塗りつぶします。

### 4 ブレンディングの練習

　以下の単語を紙か黒板に書き，子供と一緒にブレンディングをします。
sheet（シーツ，1枚の紙），bump（ぶつかる），blend（混ぜる），sack（しっかりした袋）

### 5 文を読む練習

　以下の文を紙か黒板に書き，ひっかけ単語に注目させます。単語をブレンディングして，子供と一緒に文を読みます。
　Cats do not swim.
　ネコは泳ぎません。
　I do not need the book.
　私は本がいりません。
　I run to the park.
　私は公園へ走ります。
　I do shopping.
　私は買い物をします。
　We do not jump on the bed.
　私たちはベッドの上でジャンプしません。
　The eggs are in the box.
　卵が箱に入っています。
　He was in the pool.
　彼はプールにいました。
　The hamster is under the bag.
　そのハムスターはカバンの下にいます。
　The sheep is with the goat.
　その羊はヤギと一緒にいます。
　すべての文を読む必要はありません。授業の時間や子供の様子に合わせて調整してください。

# step up 6 　読み書きの練習

### 3 ブレンディングの練習

　以下の単語を紙か黒板に書き，子供と一緒にブレンディングをします。

　windmill（風車），foghorn（霧笛），weep（涙を流して悲しむ），zigzag（ジグザグ），wedding（結婚式）

### 4 文を読む練習

　以下の文を紙か黒板に書き，ひっかけ単語に注目させます。単語をブレンディングして，子供と一緒に文を読みます。なお，step up 6 では，現在形，過去形を用いた文などを紹介します。子供のレベルに合わせて，ブレンディングの練習をしてみましょう。また，主語を変えて文を作ってみてください。

I get up at six.
私は6時に起きます。
He sits on the mat.
彼はマットの上に座ります。
Crabs are in the pond.
カニは池にいます。
We felt sad.
私たちは悲しく感じました。
I do not meet him.
私は彼に会いません。
We look at the kangaroo.
私たちはそのカンガルーを見ます。
She went to the park.
彼女は公園へ行きました。
He sat on the grass.
彼は草の上に座りました。
The hen laid three eggs.
雌鶏が卵を三つ産みました。
The cat had a long tail.
その猫は尻尾が長かったです。
We all sat on the bench.
私たちみんなはベンチに座りました。

### 1 復習

- 42音の復習を行います。
- フラッシュカード，または Wall flowers を使って，I, he, she, me, we, be, the, was, to, do, are, all, is の復習を行います。

### 2 短母音を含む単語を読む練習

- 子供はそれぞれの文を読み，その上にある額の中に文にあう絵をかきます。
- 文は以下の通りです。
  He can run.　彼は走ることができる。
  She is sad.　彼女は悲しいです。
  I can jump.　私はジャンプできます。
  We can hop.
  私たちはぴょんぴょん跳ねることができます。
  The sun is hot.　太陽は熱いです。
  Drums are loud.　太鼓はうるさいです。

# step up 7　読み書きの練習

## 1　復習

- 42音の復習を行います。
- フラッシュカード、またはWall flowersを使って、I, he, she, me, we, be, the, was, to, do, are, all , isの復習を行います。

## 2　単語を書こう

- 子供は音声を聞いて、空欄に適した単語を書きます。
- 単語を書いたら、文を読み、絵に色を塗ります。
- 文は以下の通りです。空欄部分の単語は（　）内に示されています。

　　The (pie) is hot.
　　そのパイは熱いです。
　　The (frog) is green.
　　そのカエルは緑です。
　　The (pen) is black.
　　そのペンは黒いです。
　　The (tents) are big.
　　それらのテントは大きいです。
　　The (cars) are red.
　　それらの車は赤いです。
　　All the (bees) are loud.
　　それらのハチは皆うるさいです。
　　I see the green (tree).
　　緑の木が見えます。
　　I see the pink (fish).
　　ピンクの魚が見えます。

## 3　ブレンディングの練習

　以下の単語を紙か黒板に書き、子供と一緒にブレンディングをします。
cooker（コンロ）, sharp（とがった）, plain（明らかな）, float（浮く）, steer（かじを取る）

## 4　文を読む練習

　以下の文を紙か黒板に書き、ひっかけ単語に注目させます。単語をブレンディングして、子供と一緒に文を読みます。なお、step up 7 では、進行形、助動詞を用いた文などを紹介します。子供のレベルに合わせて、ブレンディングの練習をしてみましょう。また、主語を変えて文を作ってみてください。

　The dog can swim well.
　その犬は上手に泳ぎます。
　We can see a black shark.
　私たちは黒いサメが見えます。
　This summer will be cool.
　今年の夏は涼しくなるでしょう。
　We will be free this morning.
　私たちは今朝、時間があるでしょう。
　The goat is looking at the sheep.
　そのヤギは羊を見ています。
　She is sitting on the bench.
　彼女はベンチに座っています。
　The fox was running to the den.
　そのキツネは巣に走っていくところでした。
　The ship was sailing to Japan.
　その船は日本に向かって航行しています。
　We are waiting for the bus.
　私たちはバスを待っているところです。

# 資料編 Jolly Songs 歌詞

## S s

| | |
|---|---|
| The snake is in the grass. | 草むらの中にヘビがいる。 |
| The snake is in the grass. | 草むらの中にヘビがいる。 |
| /sss/! /sss/! | /sss/! /sss/! |
| The snake is in the grass. | 草むらの中にヘビがいる。 |

## A a

| | |
|---|---|
| /a/-/a/! Ants on my arm. | /a/-/a/! 腕にアリがいる。 |
| /a/-/a/! Ants on my arm. | /a/-/a/! 腕にアリがいる。 |
| /a/-/a/! Ants on my arm. | /a/-/a/! 腕にアリがいる。 |
| They're causing me alarm. | わたしに警告しているんだね。 |

## T t

| | |
|---|---|
| When I watch the tennis game, | テニスの試合を見るとき, |
| /t/-/t/-/t/, /t/-/t/-/t/… | /t/-/t/-/t/, /t/-/t/-/t/… |
| … when I watch the tennis game, | テニスの試合を見るとき, |
| my head goes back and forth. | 頭が行ったりきたりするね。 |

## I i

| | |
|---|---|
| Inky the mouse is my pet. | インキーマウスはぼくのペットだ。 |
| He spilled the ink and got wet. | インクをこぼして濡れちゃった。 |
| The ink is spread all over the desk. | インクは机の上に広がって, |
| /i/-/i/-/i/-/i/ — Inky's wet! | /i/-/i/-/i/-/i/ — インキーについちゃった。 |

## P p

| | |
|---|---|
| Puff out the candles on the pink pig cake. | ピンクのブタ型のケーキのろうそくの火を消そう。 |
| /p-/p/-/p/, /p/-/p/-/p/. | /p-/p/-/p/, /p/-/p/-/p/. |
| Puff out the candles on the pink pig cake. | ピンクのブタ型のケーキのろうそくの火を消そう。 |
| Puff! Puff! Puff! | フー, フー, フー |

## N n

| | |
|---|---|
| Hear the aeroplane, /nnn/! | 飛行機の音が聞こえる！　/nnn/! |
| Hear the aeroplane, /nnn/! | 飛行機の音が聞こえる！　/nnn/! |
| Hear the aeroplane, /nnn/! … | 飛行機の音が聞こえる！　/nnn/! |
| … making lots of noise. | 大きな音を立ててきたね。 |

## C c K k

| | |
|---|---|
| We are clicking castanets, /ck/-/ck/-/ck/. | カスタネットを鳴らすよ。/ck/-/ck/-/ck/. |
| We are clicking castanets, /ck/-/ck/-/ck/. | カスタネットを鳴らすよ。/ck/-/ck/-/ck/. |
| We are clicking castanets, clicking castanets… | カスタネットを鳴らすよ。カスタネットを鳴らすよ。 |
| … we are clicking castanets, /ck/-/ck/-/ck/. | カスタネットを鳴らすよ。/ck/-/ck/-/ck/. |

## E e

| | |
|---|---|
| Eggs in the pan, /e/-/e/-/e/. | フライパンに卵があるね。/e/-/e/-/e/. |
| Eggs in the pan, /e/-/e/-/e/. | フライパンに卵があるね。/e/-/e/-/e/. |
| Eggs in the pan, /e/-/e/-/e/. | フライパンに卵があるね。/e/-/e/-/e/. |
| Crack the egg like this… /e/! | 卵を割ろう, こうやって…/e/! |

## H h

I like to hop, hop, hop, up and down.　　　　　はねるのが大好き！　ぴょん，ぴょん，上に下に。
I like to hop, hop, hop, all around.　　　　　　はねるのが大好き！　ぴょん，ぴょん，あちこちに。
I like to hop, hop, hop, up and down —　　　　はねるのが大好き！　ぴょん，ぴょん，上に下に。
/h/-/h/-/h/-/h/-/h/!　　　　　　　　　　　　　　/h/-/h/-/h/-/h/-/h/!

## R r

See my puppy rip the rag.　　　　　　　　　　ほら，うちの子犬が布をやぶいちゃうよ。
/rrr/! /rrr/!　　　　　　　　　　　　　　　　　/rrr/! /rrr/!
See my puppy rip the rag,　　　　　　　　　　ほら，うちの子犬が布をやぶいちゃうよ。
when he pulls so hard.　　　　　　　　　　　　あまりに強くひっぱるとね。

## M m

The mum and the dad make many meals.　　　お母さんとお父さんがたくさんのご飯を作るよ。
/mmm/! /mmm/!　　　　　　　　　　　　　　　/mmm/! /mmm/!
The mum and the dad make many meals　　　お母さんとお父さんがたくさんのご飯を作るよ。
for their hungry children.　　　　　　　　　　おなかをすかせた子供たちのためにね。

## D d

See me play on my drum.　　　　　　　　　　ぼくが太鼓を叩くのを見て。
Playing drums is lots of fun,　　　　　　　　太鼓を叩くのはとっても楽しい。
with a /d/-/d/-/d/-/d/, /d/-/d/-/d/-/d/-/d/.　　/d/-/d/-/d/-/d/, /d/-/d/-/d/-/d/-/d/.
See me play upon my drum!　　　　　　　　　ぼくが太鼓を叩くのを見て。

## G g

The water gurgles down the drain.　　　　　　水が排水溝に吸い込まれていく。
The water gurgles down the drain.　　　　　　水が排水溝に吸い込まれていく。
The water gurgles down the drain,　　　　　　水が排水溝に吸い込まれていく。
with a /g/-/g/-/g/-/g/-/g/.　　　　　　　　　　/g/-/g/-/g/-/g/-/g/ と言いながらね。

## O o

Now it's dark, the lights go on.　　　　　　　暗くなった。電気をつけよう。
/o/-/o/-/o/-/o/-/o/.　　　　　　　　　　　　　/o/-/o/-/o/-/o/-/o/.
Time for bed, the lights go off!　　　　　　　寝る時間だ。電気を消そう。
/o/-/o/-/o/-/o/-/o/.　　　　　　　　　　　　　/o/-/o/-/o/-/o/-/o/.

## U u

/u/-/u/ up go umbrellas.　　　　　　　　　　　/u/-/u/, 傘が開くよ。
/u/-/u/ up go umbrellas.　　　　　　　　　　　/u/-/u/, 傘が開くよ。
/u/-/u/ up go umbrellas...　　　　　　　　　　/u/-/u/, 傘が開くよ。
... when it starts to rain!　　　　　　　　　　雨が降ってきたらね。

## L l

We lick our lollipops.　　　　　　　　　　　　ぺろぺろキャンディをなめるよ。
We lick our lollipops.　　　　　　　　　　　　ぺろぺろキャンディをなめるよ。
/l/-/l/-/l/-/l/!　　　　　　　　　　　　　　　/l/-/l/-/l/-/l/!
We lick our lollipops.　　　　　　　　　　　　ぺろぺろキャンディをなめるよ。

## F f

My friends and I went to the beach
with my floating fish.
It got a hole, the air came out.
/fffff/!

ぼくと友達で海に行ったよ。
魚の形の浮き輪を持ってね。
穴が開いて空気が出てきちゃった。
/fffff/!

## B b

Bring your bat and bring your ball.
/b/!  /b/!
Bring your bat and bring your ball...
... to the park to play!

バットとボールを持ってきなよ。
/b/!  /b/!
バットとボールを持ってきなよ。
公園で遊ぼうよ。

## ai

My ear hurt. I was in pain.
/ai/?  /ai/?
My ear hurt. I was in pain.
What did you try to say?

耳が痛かった。痛かったなあ。
/ai/?  /ai/?
耳が痛かった。痛かったなあ。
なんて言おうとしたの？

## J j

Jelly and jam, jelly and jam,
jiggling on the plate.
Oh, what will I eat with it?
/j/-/j/-/j/-/j/-/j/.

ゼリーとジャム。ゼリーとジャム。
お皿の上で震えてる。
何を使って食べようかな。
/j/-/j/-/j/-/j/-/j/.

## oa

Oh, did you see the billy goat?
/oa/-/oa/-/oa/, /oa/-/oa/-/oa/.
Oh, did you see the billy goat,
under the old oak tree?

オスのヤギを見たかい？
/oa/-/oa/-/oa/, /oa/-/oa/-/oa/.
オスのヤギを見たかい？
昔からある樫の木の下でさ。

## ie

The captain said, "/ie/-/ie/!"
The captain said, "/ie/-/ie/!"
"Stand up straight! Don't be late!"
The captain said, "/ie/-/ie/!"

船長は言った。"/ie/-/ie/!"。
船長は言った。"/ie/-/ie/!"。
ピシッと立て！ 遅れるな！
船長は言った。"/ie/-/ie/!"。

## ee or

See the donkey
in its stall.
"Eeyore! /ee/-/or/!"
is its call.

柵の中の
ロバが見えるかな？
"Eeyore! /ee/-/or/!"
って鳴くんだよ。

## Z z

Did you ever hear a bee buzz,
a bee buzz, a bee buzz?
Did you ever hear a bee buzz,
"/zzz/"!, like this?

ハチがぶんぶん言うのを聞いたことがあるかい？
ぶんぶん，ぶんぶん。
ハチがぶんぶん言うのを聞いたことがあるかい？
"/zzz/!"，こんな風に。

## W w

I see the clouds moving, /w/-/w/-/w/.
I see the kites flying, /w/-/w/-/w/.
I see the trees bending, /w/-/w/-/w/.
The wind is blowing strong!

雲が動いているね。/w/-/w/-/w/.
凧が飛んでいるね。/w/-/w/-/w/.
木が揺れているね。/w/-/w/-/w/.
風が強く吹いているんだ！

## ng

If you're strong and you know it, say "/ng/!"
If you're strong and you know it, say "/ng/!"
If you're strong and you know it
and you really want to show it...
... if you're strong and you know it, say "/ng/!"

もし君が強いなら，"/ng/!"と言おう。
もし君が強いなら，"/ng/!"と言おう。
もし君が強くて，
それを見せてくれるなら，
もし君が強いなら，"/ng/!"と言おう。

## V v

Drive Vic's van round the village.
Drive Vic's van round the village.
Drive Vic's van round the village
— /v/-/v/-/v/-/v/-/v/!

ヴィックおじさんのバンが村をまわるよ。
ヴィックおじさんのバンが村をまわるよ。
ヴィックおじさんのバンが村をまわるよ。
— /v/-/v/-/v/-/v/-/v/!

## oo oo

Who wants to be a cuckoo?
Who wants to be a cuckoo?
Who wants to be a cuckoo?
/oo/-/oo/, /oo/-/oo/, /oo/-/oo/!

カッコウになりたい人！
カッコウになりたい人！
カッコウになりたい人！
/oo/-/oo/, /oo/-/oo/, /oo/-/oo/!

## Y y

I like to eat, eat, eat, yogurt and bananas.
I like to eat, eat, eat, yogurt and bananas.
I like to eat, eat, eat, yogurt and bananas.
— /y/-/y/-/y/-/y/-/y/!

わたしはヨーグルトとバナナを食べるのが好き。
わたしはヨーグルトとバナナを食べるのが好き。
わたしはヨーグルトとバナナを食べるのが好き。
— /y/-/y/-/y/-/y/-/y/!

## X x

/ks/-/ks/! Take an x-ray.
/ks/-/ks/! Take an x-ray.
/ks/-/ks/! Take an x-ray
— x-ray of my hand!

/ks/-/ks/! レントゲン写真を撮ろう。
/ks/-/ks/! レントゲン写真を撮ろう。
/ks/-/ks/! レントゲン写真を撮ろう。
ぼくの手のレントゲン写真を！

## ch

Trains are chugging up the hill.
/ch/-/ch/-/ch/, /ch/-/ch/-/ch/.
Trains are chugging up the hill.
/ch/-/ch/-/ch/, choo, choo!

列車が丘を越えてゆくよ。
/ch/-/ch/-/ch/, /ch/-/ch/-/ch/.
列車が丘を越えてゆくよ。
/ch/-/ch/-/ch/, シュッシュー！

## sh

Hush! Hush! Hush! Don't make a sound.
Be as quiet as you can be.
The baby's asleep and I'm tired out.
/sh/! /sh/-/sh/-/sh/-/sh/!

シー，シー，シー。音を立てないで。
できるだけ静かにして。
赤ちゃんは寝てるし，私は疲れているの。
/sh/! /sh/-/sh/-/sh/-/sh/!

## th th

Did you ever hear a rude clown
make this sound and that sound?
Did you ever hear a rude clown
say /th/-/th/, **/th/-/th/**?

いじわるなピエロがあんな音やこんな音を立てるのを聞いたことがあるかい？
いじわるなピエロの立てる音を聞いたことがあるかい？
/th/-/th/, **/th/-/th/** ってね。

## Qu qu

The duck in the pond quacks, "/qu/-/qu/-/qu/,"
"/qu/-/qu/-/qu/," "/qu/-/qu/-/qu/."
The duck in the pond quacks, "/qu/-/qu/-/qu/,"
all around the pond.

池のアヒルが鳴いている。"/qu/-/qu/-/qu/,"
"/qu/-/qu/-/qu/," "/qu/-/qu/-/qu/."
池のアヒルが鳴いている。"/qu/-/qu/-/qu/,"
池中で鳴いている。

## ou

I pricked my thumb with a needle.
/ou/-/ou/-/ou/! /ou/-/ou/-/ou/!
I pricked my thumb with a needle.
/ou/-/ou/, ouch!

親指を針で刺しちゃった。
/ou/-/ou/-/ou/! /ou/-/ou/-/ou/!
親指を針で刺しちゃった。
/ou/-/ou/, 痛い！

## oi

The sailors met upon the sea,
/oi/-/oi/, /oi/-/oi/, /oi/.
They found some oil way down deep.
/oi/-/oi/, "Ship ahoy!"

船乗りどうしが海で出会ったら，
/oi/-/oi/, /oi/-/oi/, /oi/.
海底の石油を見つけたよ。
/oi/-/oi/, おーい！

## ue

I'd like to have a barbecue.
/ue/-/ue/-/ue/, /ue/-/ue/-/ue/.
I'd like to have a barbecue
with you, and you, and you!

バーベキューがしたいな。
/ue/-/ue/-/ue/, /ue/-/ue/-/ue/.
バーベキューがしたいな。
君と，君と，それから君と！

## er

The mixer in the bowl goes /er/-/er/-/er/,
/er/-/er/-/er/, /er/-/er/-/er/.
The mixer in the bowl goes /er/-/er/-/er/,
mixing the food together.

ミキサーがガーガーと音を立てるよ。
/er/-/er/-/er/, /er/-/er/-/er/.
ミキサーがガーガーと音を立てるよ。
食べ物を混ぜているんだ。

## ar

Did you ever hear a seal bark,
a seal bark, a seal bark?
Did you ever hear a seal bark,
"/ar/! /ar/!" like this?

アシカが鳴くのを聞いたことがあるかい？
アシカが鳴くのを，アシカが鳴くのを。
アシカが鳴くのを聞いたことがあるかい？
/ar/! /ar/! と鳴くのをね。

## vowel song （母音の歌）

/a/, /e/, /i/, /o/, /u/ (×3) are short vowels that we use!
A vowel is in every word, every word, every word,
A vowel is in every word that we read or write.
/ai/, /ee/, /ie/, /oa/, /ue/ (×3) are long vowels that we use!

/a/, /e/, /i/, /o/, /u/ (×3) は私たちが使う短母音だね。
母音はすべての文字に入っている。すべての文字に。
母音は私たちが読み書きするすべての文字に入っている。
/ai/, /ee/, /ie/, /oa/, /ue/ (×3) は私たちが使う長母音だね。

# 資料編　単語集

ブレンディング・セグメンティング用の補充単語です。子供が慣れてきたら，これらの単語を使って読んだり，音を聞きわけたりする練習をしましょう。なお，Jolly learning 社のウェブサイトから，さらに多くの単語リスト（Word Bank）がダウンロードできます。（www.jollylearning.co.uk/gallery/）

## S s
なし

## A a
なし

## T t
at ～（場所）で，～（時刻）に，など
sat sit の過去・過去分詞形

## I i
it それ
its それの
sit 座る

## P p
pat トントンと軽く叩く
pip （リンゴなどの）種
pit 砂場など地面からくぼんだところ
tap 軽くポンと叩く，蛇口
tip 先，傾ける，チップ，軽く打つ
sip ちびちび飲む
spit つばを吐く，（肉などを）串にさす
sap 樹液，対壕

## N n
nip つまむ，つねる
nit （シラミなどの）寄生虫の卵
pant 息を切らす
pants ズボン
pin 画鋲
snap ポキッと折る
snip チョキンと切る
span 期間，spin の過去形
spin ぐるぐる回る
tan 日焼け
tin 缶，ブリキ

## C c K k
act 行動する，ふるまう

can 缶，できる
kin 親族，親類
kiss キスする
napkin ナプキン，おむつ
sack 袋に入れる
skin 皮
snack 間食，スナック
stack 積み重ねる
tact 機転，如才なさ
pack 包む，梱包する
picnic ピクニック
sick 具合が悪い
stick 木の枝，突き刺す
tick 時が刻々と過ぎる

## E e
inset 挿入物
set 置く，据える
tennis テニス
test テスト，試す
insect 昆虫
inspect 点検する，査察する
nest 巣
pest 害虫
sent send の過去・過去分詞形
speck 小さな点

## H h
hack 切り開く，叩き切る
hid hide の過去・過去分詞形
hectic ひどく興奮した，てんてこ舞いの
hic しゃっくりの擬音語
hint ヒント，わずかの
Tahiti タヒチ島

## R r
actress 女優
crack ヒビを入れる
crisp パリパリ・カリカリの
press 押す，平らにする
print 印刷する

rack ラック，棚
rent 賃借する
risk 危険
scrap くずとして捨てる
spirit 精神，エキス
stress 抑圧，ストレス
strict 厳しい，厳格な
trick 策略，トリック

## M m

camp キャンプ，野営地
him 彼に，彼を
mass 塊，大部分
mat マット
mess めちゃくちゃな様子
mint ミント，貨幣鋳造所
pram 乳母車
ram 雄ヒツジ，牡ヒツジ
smack 平手で打つ，風味
stamp 切手，踏みつける
stem 幹，船首
tempt 誘惑する
tram 市街電車
trim 刈り込んで整える

## D d

deck 甲板，トランプの組
den 洞穴，巣穴
dentist 歯科医
did do の過去形
dip 液体にくぐらせる
dress ワンピースの服
drip ポタポタ落とす
kid 子ども，子ヤギ
rapid 速い
sad 悲しい
sand 砂
send 送る
spend（時間・金を）使う
stand 立つ

## G g

drag 引きずる
gran（英）おばあちゃん（granny）
grand 壮大な，位の高い
grandad おじいさん（grandfather）
grim 残酷な，ぞっとするような
grin（声を立てずに歯を見せて）にっこり笑う

pig ブタ
rag ぼろ布
snag 倒木，切り株
stag 雄ジカ
tag 荷札，タグ

## O o

cog 歯車，ほぞ
cot 小児用ベッド
cross 十字，腹を立てた
dot 小さい丸い点
god 神
mop モップ
pod さや
pond 池
pot 鍋，植木鉢
rod 竿
spot 場所，しみ
top 最上部，コマ

## U u

crust 外皮，地殻
drug 薬，麻薬
drum 太鼓，ドラム
dust ちり，ほこり
hug 抱擁，ハグ
hut 小屋，あばら屋
mud 泥，ぬかるみ
mug マグカップ
stump 切り株
suck 吸う，吸い取る
sunset 日没
truck 運搬車，トラック
trust 信頼，信託

## L l

adult 成人
clap 拍手
clock 時計
lend 貸す
lock 錠，固着させる
melt 溶ける
pal 仲間，友だち
plan 計画，案
plug 栓，プラグ
plum セイヨウスモモ
sell 売る
slip 滑る，女性用下着

## F f

fantastic 空想的な，すてきな
film 薄皮，フィルム，映画
loft 屋根裏，中二階
off ～から離れて，オフになって
elf 小妖精
fan うちわ，熱心な愛好家
fit ふさわしい，適任の，健康で
from ～から，～の結果
gift 贈り物，天賦の才
muffin マフィン
puff プッと吹くこと，膨れたもの

## B b

bell 鐘，ベル
belt ベルト，帯
blend 混ぜる
bug 昆虫，（プログラムなどの）バグ
cabin 小屋，客室，船室
club 棍棒，トランプのクラブ，同好会
crab カニ，蟹座
cub（肉食獣の）子，新米
grab ひっつかむ，ひっ捕らえる
rabbit ウサギ
tub おけ，たらい，浴槽

## ai

brain 脳，知的指導者
drain 排水する
fail 失敗する，落第する
faint かすかな，卒倒する
hail 霰，雹，歓呼して迎える
main 主な
rail レール，手すり
Spain スペイン
sprain 捻挫
tail 尾，しっぽ
trail 引きずった跡，小道

## J j

jab ぐいと突く，すばやく突く
jam ジャム，混雑
jet 噴射，ジェット機
job 仕事，職
jog そっと押す，ゆっくり走る
jump 跳ぶ，飛びつく
just 正しい，公正な，ちょうど

object 物体，対象，反対する
project 計画，企画，事業
subject 主題，学科，主語

## oa

cloak 袖なしの外套，マント
coal 石炭
coast 海岸，沿岸
foal 子馬
load 積み荷，重荷
loaf パンのひとかたまり
raincoat レインコート
roast 焼く，ローストする
soak 浸す
toad ヒキガエル

## ie

die 死ぬ，枯れる
died die の過去・過去分詞
lie 横たわる，嘘をつく
lied lie（嘘をつく）の過去・過去分詞
magpie カササギ
pie パイ，全体
terrified 恐れて，おびえて
tie 結びつける，縛る，ネクタイ，靴紐
tied tie の過去・過去分詞
untie ほどく，解放する

## ee

coffee コーヒー
deep 深い，重大な
feet foot の複数形
free 自由な，無料の，解放する
heel かかと
jeep ジープ
keep 取っておく，守る，預ける
meet 出会う，合う，接触する
need 必要，要求
screen ついたて，網戸，スクリーン，画面
see 見る，見える，確かめる，知る
speed 速度，速さ，スピード
street 街路，～通り

## or

born bear（産む）の過去分詞形，生まれて
cord ひも，コード，あぜ，靭帯
cork コルク
form 形状，作法，書式，学年

inform 通知する，知らせる
lord 主人，領主，神，貴族（英）
platform プラットホーム，演壇，教壇
popcorn ポップコーン
port 港，荷役口
record 記録，履歴，成績，音楽のレコード
sort 種類，分類する
transport 輸送する

## Z z

buzz ブンブンうなる
fizz シューシュー音を立てる
jazz ジャズ，ジャズダンス
zebra シマウマ
zed　zの名前
zest 強い関心，食べ物に風味を添える
zip チャックで締める，開ける
zigzag ジグザグ

## W w

sweet 甘い，気持ち良い，優しい
swim 泳ぐ，軽やかに動く
tweet さえずり
wait 待つ，待ち受ける
web クモの巣状のもの，水鳥の水かき
week 週，一週間
went　goの過去形
west 西，西部地方
wet 濡れた，湿った，雨降りの
will ～だろう，～するつもりである，意思
win 勝つ，獲得する
wind 風，（胃や腸内の）ガス，時計を巻く

## ng

bring 持ってくる，連れてくる，もたらす
hang かける，吊るす，縛り首にする
king 王，国王
long 長い，思い焦がれる
meeting 会議，集会，出会い
morning 朝，午前，夜明け
ping-pong ピンポン，卓球
sing 歌う，（鳥などが）鳴く
song 歌，鳥のさえずり
spring 春，跳ねる，ぱっと起き上がる，バネ，泉
strong 強健な，強い，丈夫な，有力な
swing ぶらぶら揺れる，ブランコ
wedding 結婚式

## V v

anvil 鉄床
invent 発明する，捏造する
vain うぬぼれの強い，無駄な
van バン（トラック）
vat 大きな桶
vent 通気口，スリット
vest （米）チョッキ，（英）肌着
vet 獣医
victim 犠牲者，いけにえ
vim 活力，精力
vivid はつらつとした，鮮明な
vomit 吐く，もどす，噴出する

## oo

(oo)
cook 料理人，料理する
foot 足，徒歩
good 良い，優秀な，十分な，健全な
hood （服やキッチンなどの）フード，おおい状のもの
look 見る，見える，容貌
wood 木材，森，木管楽器
woof 横糸，犬の唸り声
(oo)
boot ブーツ，（英）車のトランク
broom ほうき，エニシダ
cool 涼しい，冷たい，冷静な，すてきな
food 食物，食料
moon 月，衛星
room 部屋，空き場所，余地
root 根，根源，基礎，ルーツ
spoon スプーン，さじ，3番ウッド（ゴルフ）
zoo 動物園

## Y y

yak ヤク（動物）
yap キャンキャン吠える，ぺちゃくちゃしゃべる
yell 叫び声をあげる
yelp キャンキャン吠えたてる
yes はい，肯定
yet まだ，すでに
yuck （嫌悪・拒絶）オエッ！ ゲーッ！

## X x

box 箱，仕切り席
boxing ボクシング，箱詰め
exit 出口，退場

expect 期待する，予期する
explain 説明する，弁明する
fax ファックス
fix 固定する，定着させる，修理する
fox キツネ，欺く
index 索引，指数
mix 混ぜる，調合する
next 次の，隣の，次に
ox 雄牛，去勢牛
six 6，6時，6歳
textbook 教科書，教本，模範的な
wax 蝋，ワックス，耳あか

## ch

bench ベンチ，作業台
bunch 果物のふさ，束
chain 鎖，連鎖
chat 気楽に話す，ネット上でチャットする
check 確認する，一時預ける，阻止する
cheek 頬
cheer 喝采，励まし
chest 胸，整理箪笥
chick ヒヨコ，子ども
chin 顎
chips （米）ポテトチップス，（英）フライドポテト
chop 切断，空手チョップ，肋骨付き肉
chopsticks 箸
lunch 昼食，軽食
much とても，はるかに，非常に
rich 富んだ，高価な
speech 言語能力，発言，話し方，セリフ

## sh

ash 灰，トネリコ
bookshop 本屋，書店
brush はけ，ブラシ
dash （波が）打ち当たる，少量，突進
finish 終える，完成する
fish 魚，水産動物，魚座
fresh 新鮮な，目新しい，みずみずしい，さわやかな
mushroom きのこ，マッシュルーム
shampoo シャンプー，洗髪
sheep ヒツジ，信者，臆病者
shell 貝殻，殻，薬莢
ship 船，乗組員
shock 驚き，ショック，電撃
short 短い，背が低い，簡潔な
shut 閉める，閉じる

splash （水や泥を）はねかける
wish 願う，祈る，望む

## th

（有声音）
than 〜よりも，〜よりほかの
that あれ、あの，〜であるところの
them 彼（彼女）らを，彼（彼女）らに
then その時，それから，その上
this これ，この，現在の
with 〜とともに，〜をあわせて
within 〜以内で，〜の中に
（無声音）
cloth 布，ふきん，ぞうきん，帆，聖服
length 長さ，期間
math （米）数学（英は maths）
moth 蛾
north 北，北部
teeth tooth の複数形
thick 厚い，太い，濃い，濃密な
three 3，3時
throat 喉，（器物の）首や口
thud ドンという音，ゴツンという一撃
tooth 歯，ヤスリの目，嗜好
toothbrush 歯ブラシ

## Qu qu

liquid 液体の，流動的な
quack ガーガー鳴く，ガヤガヤしゃべる
quail ウズラ
queen 女王，トランプのクイーン，女王アリ
quench （渇きを）いやす，（動きを）鎮圧する
quest 探索，探求，冒険の旅
quick 動きの速い，瞬時の，鋭い
quill （鳥の）大羽根の軸，（釣りの）浮き，中空軸
quilt キルト
quit やめる，放棄する
quiz 小テスト，クイズ
squid イカ
squint 一瞥，横目，流し目，斜視

## ou

cloud 雲，大群
couch 長いす，ソファー
count 数え上げる
flour 小麦粉，粉末食品
found find の過去・過去分詞，基礎を築く
ground 地面，土地，基盤，領域

loud （声・音が）大きい
mouth 口，河口，開口部
noun 名詞
our 私たちの
out 外へ，不在で
pouch 小袋，ポーチ
proud 誇りに思う
round 丸い，一試合，回転
scout ボーイスカウト，（スポーツなどの）スカウト，偵察する
shout 大声を出す，大声でしゃべる
sound 音，音声，音量
south 南，南方の
trout マス（魚）
without ～なしに，～を持たず

## oi

coin 硬貨，丸い金属片
foil 金属の薄片，人を打ち負かす，フェンシングの剣
join 結合する，一緒になる
joint 関節，継ぎ目，大きな肉片
moist 湿気のある，涙ぐんだ
oi おい！（英俗）
oil 油，石油
oilcan 油缶
point 先端，位置，時間，程度，要点，指差す
soil 土，地域，地面
spoil だめにする，甘やかす，台無しにする
tinfoil アルミ箔，銀紙
toil せっせと働く，苦労して進む

## ue

continue 続く，継続する
cue 合図，きっかけ，ビリヤードの突き棒，おさげ髪
due ～することになって，支払われるべきもの
fuel 燃料，焚き付ける
hue 色合い，色調
rescue 救助する，解放する
statue 像，彫像
value 価値，価格，対価

## er

corner すみ，かど，端，窮地
dinner 正餐（通常は夕食），食事，祝宴
hamster ハムスター
helicopter ヘリコプター
her 彼女の，彼女を
jumper ジャンパー（衣類），（英）セーター
letter 手紙，書簡，文字，文学
member 構成員，議員，（集合の）要素
never いまだかつて～ない
printer プリンター，印刷機，印刷工
river 川，流れ
silver 銀，銀色
sister 姉，妹，修道女
slither （ヘビのように）ずるずると滑る
summer 夏，暑い時期
thunder 雷，雷鳴，激しい非難
under ～の下に，～未満の，～のもとで
verb 動詞
winter 冬，寒い時期

## ar

arm 腕，兵器
art 美術，芸術，技術，文学，作為
bark 吠える，怒鳴りつける
car 自動車，車両
card 紙片，トランプなどの札，切り札，挨拶状
chart 図，グラフ，罫線
dark 暗い，濃い，陰気な，邪悪な
farm 農場，養殖場，貯蔵場所，託児所
hard 固い，頑丈な，勤勉な，困難な，容赦ない
jar 広口瓶，ジャー，耳障りな音
march 3月，行進する，進展する，国境
park 公園，競技場，車を停める
part 一部，部分，部品，地区，割当，割合
scarf スカーフ，掛け布
shark サメ，他人を食い物にする人
sharp 鋭い，カーブの急な，はっきりした
smart 賢い，抜け目のない，きちんとした
star 星，天体，大スター，星回り，星型のもの
start 出発する，始まる，開始する，発生する
yard ヤード（長さの単位），庭，作業場

## 資料編　フラッシュカード

「音の復習」で使用します。コピーして切り取り，使用してください。

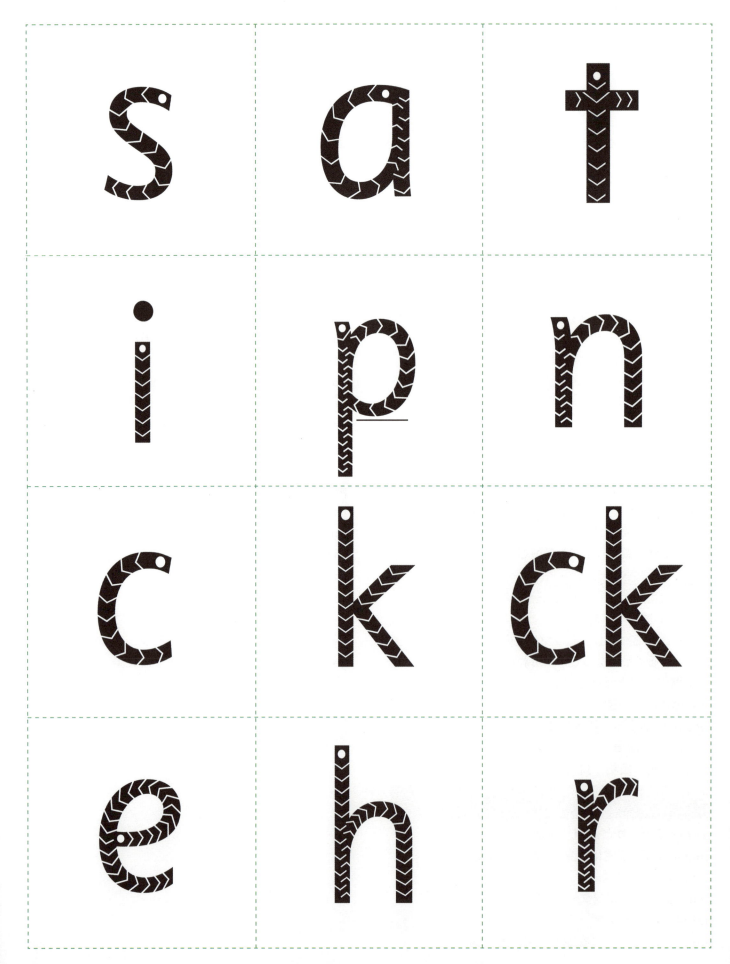

# 資料編　フラッシュカード

「音の復習」で使用します。コピーして切り取り，使用してください。

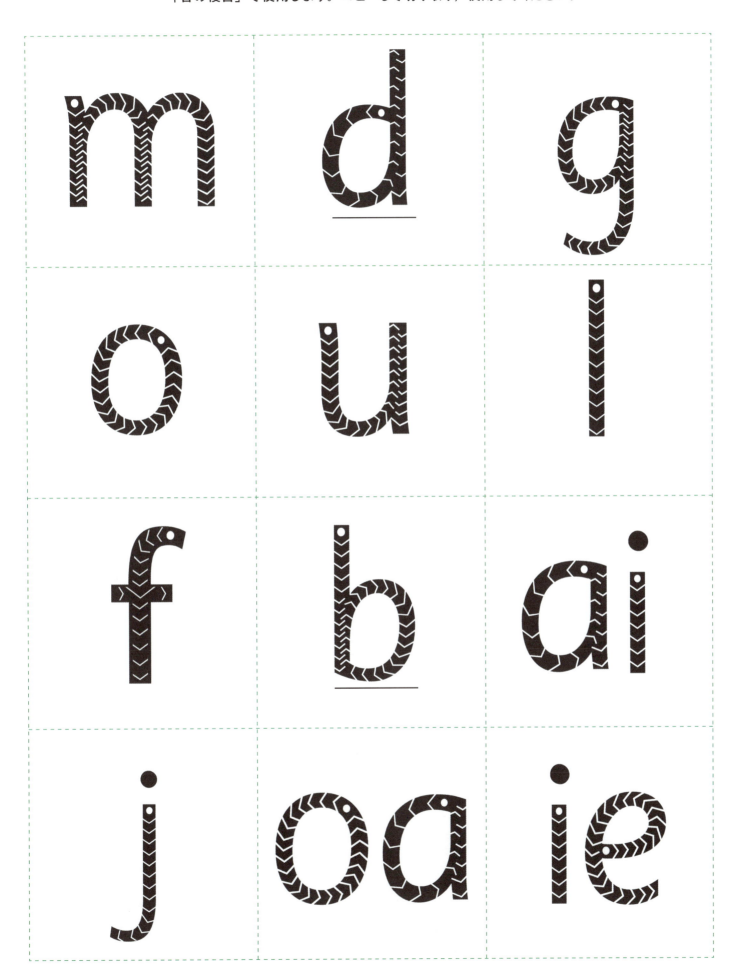

# 資料編　フラッシュカード

「音の復習」で使用します。コピーして切り取り，使用してください。

# 資料編　フラッシュカード

「音の復習」で使用します。コピーして切り取り，使用してください。

# 日本語版作者の言葉

「s--ou--th, s-ou-th, south, south!!」と ou のつづりと音を学んだばかりの子供が，south という単語を読めたときの輝く目。読めた！ という満足げな表情。そして，「もっと読みたい！」「単語を書きたい！」と言う子供たち。自分の力で英単語を読んだり書いたりできるって，こんなにうれしいことなんだ。そんな子供たちを見る自分もうれしさでいっぱいになります。

「英単語は暗記するもの」。そう信じて疑うことがなかった私の中学・高校時代。毎日，手が痛くなるまで単語を書き，暗記したけれど，その単語を読めたわけではありません。カタカナを振っては教科書の英文を読んでいました。今でも覚えているのが，rust という単語を覚えるのに，「ラ・ス・ト」とカタカナにし，その結果，last なのか rust なのかわからなくなるということもありましたし，両方とも「ラスト」と発音するしかできませんでした。読むこと以上に聞くことはもっと苦手で，英単語が頭にすうっと入ってくることはありませんでした。そして大学受験が終わると，必死に覚えた英単語はほとんど頭から抜け落ちてしまいました。

小学校の教員になってからは，英語にはまったく触れることのない生活を送っていました。一生，英語には縁がないだろうと思っていましたが，突然の夫の海外赴任。当時，私が持っていた英語の資格は英検3級のみ…。

当然，イギリスでの生活は，英語も分からない，生活様式も分からない，文化も分からない毎日でした。しかし，3，4歳児が通うプレイグループ（幼稚園のようなところ）で，泣いてばかりいる日本人の子供のサポートを始めたのがきっかけで，小学校で英語を母語としない子供たちに英語を教える仕事に就きました。赴任した小学校では4，5歳児の子供たちが「ジョリーフォニックス」という授業を受けており，私はそこで，今までにない衝撃を3つ受けました。

1つめは，初めて「英語の音」に触れたことです。15年以上英語を勉強していても，英語の1つひとつの音を聞くなんてことはありませんでしたが，このとき初めて，英語の文字に「音」があるのだと知ったのです。th や ng が2文字で1つの音になることも知りました。それまでは文字を見れば「ティーエイチ」としか言えませんでした。

2つめの衝撃は，5歳（中には4歳）の子供が単語を自分の力で読み書きしていること。w をいう文字と音を学習した5歳の子供たちが，wind という単語を見て，w-i-n-d と1つひとつの文字を声に出して読み，それをくっつけて読んでいる。英単語は暗記して読むものだと思っていたので，1つひとつの文字を読みあげてくっつければ，初見でも英単語を読めることに驚きました。さらに驚いたのは，先生が「went」と言うと，子供たちが「w--e--n--t」と聞いた単語を分解し始め，文字で表したことです。ネイティブの子供たちですら，went というつづりを覚えているのではなく，音を聞いてそこから文字に表していたのです。

3つめの衝撃は，渡英して間もない日本人の子供が，現地人の子供に混ざって同じように読み書きをしていることでした（単語の意味は解っていないけれど）。さらに驚いたのは，一度習得した文字と音を忘れることなく，きちんと使うことができていることです。

こんなふうに文字と音の勉強をし，初めて見る・聞く単語を自分の力で読み書きできることに，とにかく驚きました。しかし，考えてみると，日本人の子供たちも小学校での文字の習得では同じことをしているのです。

日本では小学校1年生で「ひらがな」という文字を音と対応させながら学んでいきます。最初は画数の少ない

「つ」や「く」,「し」などから始めます。そして「つ」という文字を「つ」を発音して書く練習をし，くつ，つくし，などの言葉を読んでいきます（「あいうえお」順に教える学校もあります）。

　清音（46文字）を習った後は，濁音や拗音（ゃ，ゅ，ょ）や促音（っ）を学習していきます。そして，長音（「とけい」は話し言葉では「とけえ」と読むけれど，書くときには「とけい」となること）や「は，へ，を」などの助詞のように，例外的な読み方を1つひとつ丁寧に1学期かけて学習していきます。このひらがなの1つの文字と1つの音の関係を小さなステップを踏みながら学習をして初めて，単語が読め，文が読めるようになり，徐々にカタカナや漢字の学習に移っていき，さらに複雑な文が読めるようになっていくのです。

　ひらがなを学習し，文を読み始めた子供たちは，最初はぎこちなくつっかえつっかえ単語や文を読み上げていきますが，自分の声を聞いてはそれをくっつけて，スムーズに読むことで1つの言葉としてとらえられるようになっていきます。

　このたどたどしく読むことも流暢に読むために必要なステップなのです。しかし，日本では英語の授業になったとたん，この小さなステップが省略され，いきなり文を読むことから始まり，そのために単語を暗記しなければいけなくなってしまうのです。子供たちはどの文字がどう読むのかわからないために，英単語の上にカタカナを振り，いつまでたっても英語が読めない，書けないまで終わってしまうのです。

　もしかしたら，日本の小学校もイギリスの小学校も同じように文字の読み書きの勉強をしているという事実を知ったことに，いちばん衝撃を受けたのかもしれません。だったら，せっかく小学校国語の文字指導という素晴らしい「文字と音指導」のお手本があるのだから，それを英語でも行ったら，子供たちに文字と音の関係が定着していくのではないか。教える先生も，「ひらがな指導」と思えば，それほど負担に感じないのではないか…そう思ったら，いても立ってもいられなくなり，ジョリーフォニックスを日本で紹介したくなったのです。

　日本で英語を習い始めた子供たち，英語の読み書きにつまずいている子供たち，教室にいる子供たちの「読めた！」と目が輝く瞬間――ジョリーフォニックスを指導してよかったと思える瞬間です。そんな子供や指導者が1人でも増えるようにと願い，この本を執筆しました。

　本指導書を作成するにあたって，東京書籍の小島さん，榮さん，岡本さん，河村さんには丁寧にご指導をいただき，心より感謝申し上げます。本書前半の解説編の原文を日本語に訳し，またCDの録音などにご協力いただきました成田あゆみさん，ジョリーラーニング社のキャロラインさんなしではこの指導書はできず，心より感謝申し上げます。最後に，渡英するきっかけを作ってくれ，本書執筆を励ましてくれた夫，そして，いつも新しい気付きを与えてくれる私が出会った子供たちに「ありがとう」の言葉をもって謝辞にかえさせていただきます。

山下桂世子

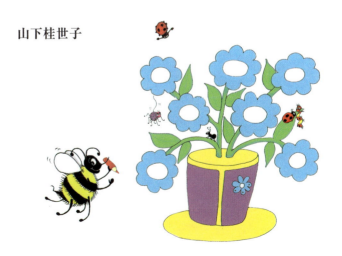

**編著者　ジョリーラーニング社**（Jolly Learning）

イギリス・エセックス州に本社を置く教材出版社。1987年設立。英語の読み書き指導の教材を中心に，年間200万部を超える教材を発行。主要教材であるジョリーフォニックスは世界120か国以上で使用されており，インドやナイジェリア，パキスタンなど，一部の国では政府の教育政策にも取り入れられている。指導者の育成にも力を入れており，世界各国に公認トレーナーを配置。英語の読み書き指導を世界的に大きく変え，新たな主流となるメソッドを作り上げた功績が高く評価されている。

**監訳者　山下桂世子**（やました かよこ）

愛知県岡崎市出身。同市の小学校に教師として勤務し，特別支援学級を担当した後，夫の転勤に伴い渡英。イギリスの小学校で働く傍ら，日本語教師として成人学級で日本語を指導。現地校で採用されているジョリーフォニックスに興味を持ち，2004年から指導を開始。2012年，ノッティンガム大学で特別支援教育を学び，修士号を取得。多感覚を用いたジョリーフォニックスの読み書き指導を日本に紹介したく，2013年にジョリーラーニング社公認ジョリーフォニックスとジョリーグラマーのトレーナーになる。現在，イギリスと日本を往復し，ジョリーフォニックス，ジョリーグラマーのトレーニングセミナーを指導者向けに開催。また，公立小中学校で教員研修を行うなど，積極的に活動している。

---

©Jolly Learning Ltd
Songs written by Laurie Fyke and Kerrie Sinclair
Illustrations by Lib Stephen

| | |
|---|---|
| デザイン・組版 | 橋本千鶴 |
| CD音声 | ダグミュージック有限会社 |
| 原著作者 | Sara Wernham，Sue Lloyd |
| イラスト | Lib Stephen |
| 歌 | Laurie Fyke，Kerrie Sinclair |
| 監訳・執筆 | 山下桂世子 |
| 翻訳・執筆協力 | 成田あゆみ |
| 編集 | 河村稀琳（東京書籍） |

---

## はじめてのジョリーフォニックス
### ―ティーチャーズブック―

2017年4月17日　　第1刷発行
2025年3月30日　　第10刷発行

| | |
|---|---|
| 編著者 | ジョリーラーニング社 |
| 監訳者 | 山下桂世子 |
| 発行者 | 渡辺能理夫 |
| 発行所 | 東京書籍株式会社 |
| | 〒114-8524　東京都北区堀船2-17-1 |
| 電話 | 03-5390-7531（営業）　03-5390-7515（編集） |
| ホームページ | https://www.tokyo-shoseki.co.jp/ |
| 印刷・製本 | 株式会社リーブルテック |

Japanese Text Copyright ©2017 by Jolly Learning Ltd,
Kayoko Yamashita, Ayumi Narita, Tokyo Shoseki Co., Ltd.
All rights reserved.
Printed in Japan

乱丁・落丁の場合はお取り替えいたします。

ISBN978-4-487-81031-4　C0082　NDC831

# ou

ou! ou!

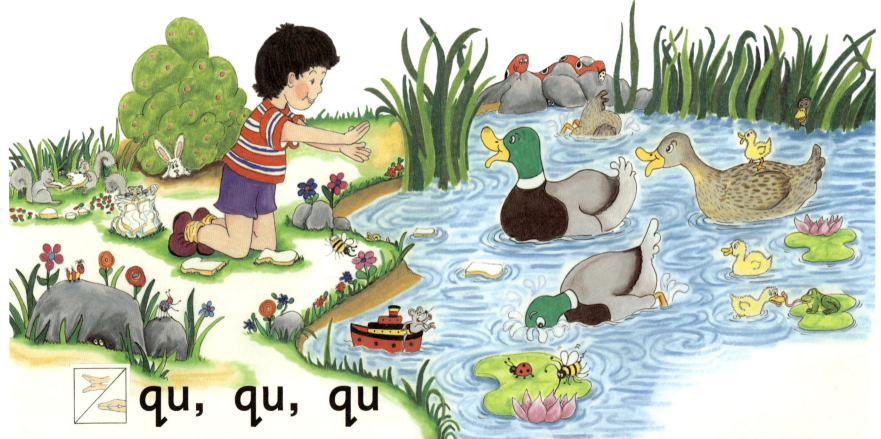

qu, qu, qu

# th th

th, th

# sh

sh, sh, sh

# ch

ch, ch, ch

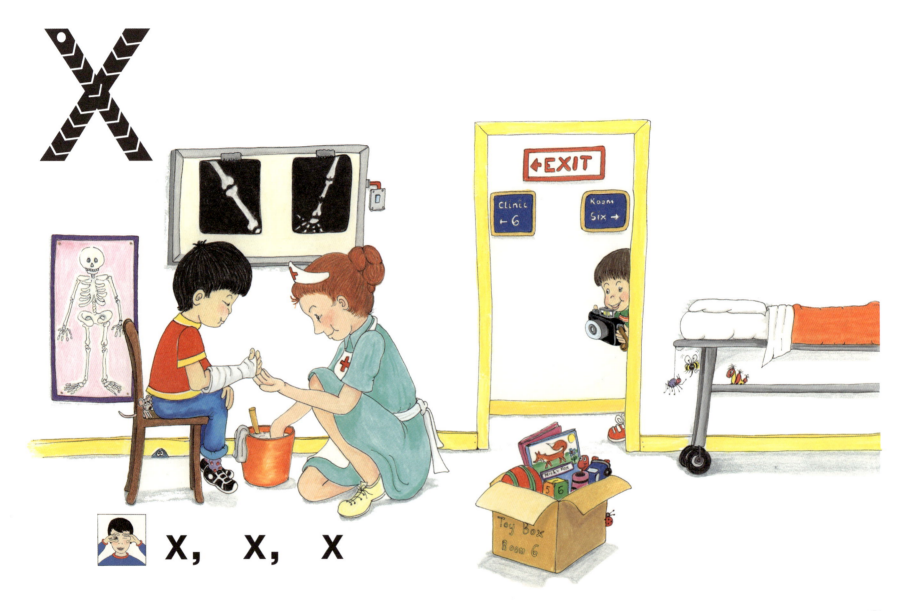

X, X, X

y, y, y

# oo oo

oo, oo

# ng

ng, ng, ng

# W

w, w, w

# ee or

ee, or

# ie

ie, ie

oa

oa!

j

j, j, j

I, I, I

u, u, u

o! o! o!

d, d, d

ck, ck, ck

p

p, p, p

# a

a, a, a

## もくじ

※本文の見出しは小文字のみです。

| | |
|---|---|
| S s | 2 |
| A a | 3 |
| T t | 4 |
| I i | 5 |
| P p | 6 |
| N n | 7 |
| Cc Kk | 8 |
| E e | 9 |
| H h | 10 |
| R r | 11 |
| M m | 12 |
| D d | 13 |
| G g | 14 |
| O o | 15 |
| U u | 16 |
| L l | 17 |
| F f | 18 |
| B b | 19 |
| ai | 20 |
| J j | 21 |
| oa | 22 |
| ie | 23 |
| ee or | 24 |
| Z z | 25 |
| W w | 26 |
| ng | 27 |
| V v | 28 |
| oo oo | 29 |
| Y y | 30 |
| X x | 31 |
| ch | 32 |
| sh | 33 |
| th th | 34 |
| Qu qu | 35 |
| ou | 36 |
| oi | 37 |
| ue | 38 |
| er | 39 |
| ar | 40 |

はじめてのジョリーフォニックス
―ティーチャーズブック―
別冊付録

# 絵本

教室などで使用する場合は，本冊子の大型版『Finger Phonics Big Book』をお勧めします。（Jolly Learning社発行の英語版のみになります。） Jolly Learning